「本当に」使える

遺言書の取扱説明書

相続遺言専門行政書士
佐山 和弘

気持ちが
変わったので新たに
書き直したい

お墓や
仏事のことが
心配

家族以外にも
少し財産を
遺したい

妻と子どもに
感謝の気持ちを
伝えたい

中央経済社

はじめに

　遺言書を作る人が増えています。とりわけ自筆証書遺言書は，令和2年7月に導入された自筆証書遺言書の保管制度の効果も相まって，法務局での保管件数が年間2万375件（令和4年2月～令和5年3月）に上りました（司法統計調べ）。

　加えて，公正証書遺言の作成件数もここ10年で年間9万6,020件（平成25年）→11万1,977件（令和4年）と16.7％増えております（日本公証人連合会調べ）。

　さらに言えば，保管制度を利用せず自分で保管する自筆証書遺言書件数（年間1万9,576件，令和3年家裁の検認件数を目安）も合わせると総計15万1,928件にもなり，毎月，優に1万人以上の方が遺言書を作っている計算になります。

　一方で，遺言書を書く人が増えるに伴い，せっかくの遺言書が使えなかったり，かえってモメてしまうケースも散見されるようになりました。実際，私は相続遺言専門行政書士という仕事柄，「遺言書を書いたので内容を確認してほしい」という依頼を多く頂きますが，一発OKだった遺言書はほとんどありません。

　さて，弊事務所に全国から寄せられる相談の中で最近目立つものは，次のようなケースです。

例1）「該当不動産が記載されておらず，名義変更ができません！」と司法書士に言われた。

例2）「ふざけないで！　お父さんがこんな遺言書を残すわけないで
しょ！」と妹に言われた。

例3）「口座番号が間違っているので預金の払い戻しはできません！」
と金融機関に言われた。

例4）「遺言書が入っていても貸金庫は相続人全員の立ち会いがないと
開けられません！」と金融機関に言われた。

例1の要因は準備不足です。所有不動産の顔ぶれをよく調べずに書いて
しまったため，一部の土地が漏れていました。特に自宅を遺す場合，たと
え面積が狭くても敷地が何筆にも分かれている場合があるので漏れなく記
載しなければなりません。

例2の要因は遺言書を書く前の遺言者（父親）の残念な行動（言動）に
あります。この父親は生前に娘（相談者の妹）に財産を遺す口約束をして
いました。しかし！　遺言書にはその記載が一切無かったのです。遺言書
を見たときの娘の怒りは想像に難くありません。遺言書の内容と矛盾する
行動は厳禁です。

例3の要因は遺言書を細かく書きすぎたことです。この遺言者さん（85
歳）は預金口座が1つしかありませんでした。はたして遺言書に口座番号
まで記載する必要があったのでしょうか。遺言書はその預金が特定できる
記載で十分です。唯一の預金口座であれば，金融機関名や支店名までに留
めておき，わざわざ口座番号まで書かなくても特定できたはずです。

例4の要因は書いた後の保管ミスです。特に自筆証書遺言書（自筆証書
遺言書については，19ページ参照）を貸金庫に保管することは避けたほう
が賢明です。大事な物は貸金庫に保管しがちですが，金融機関は契約者の
死亡を知ると貸金庫を凍結します。貸金庫を開けるためには原則相続人全
員の立ち会い（同意書に署名捺印）を求められます。もし相続人同士が不

仲等で全員の同意を得るのが難しければ貸金庫の中にある遺言書は取り出せなくなります。

遺言書が使えなければ相続人全員で遺産分割協議という危険な橋を渡らざるをえません。一人でも異議を唱えれば名義変更も払戻しも一切できなくなります。それを避けるために遺言書を書いたはずなのにこれでは何のために遺言書を書いたかわかりません。

ちなみに**例2**は遺言書で手続きは終わったものの，その後，案の定，妹から遺留分侵害額請求（遺留分侵害額請求については，24ページ参照）がありました。これを機に，兄妹は疎遠状態です。せっかくの遺言書がモメる元になってしまいました。

遺言書はただ書けばよいというものではありません。その内容がきちんと実現できる「本当に使える遺言書」となっていることが必要です。でもだからといって詳しく細かく書こうとするのは危険です。もちろん，一言一句間違えなく書き上げることができれば問題ないのですが，人間ですから間違えることもあります。

また，「本当に使える遺言書」にするためには，書く以外の行動にも注意する必要があります。それが「書く前の準備」と「書いた後のフォロー」です。これらもセットで行うことで初めて「本当に使える遺言書」になるということを知っておいてください。

私は相続遺言専門行政書士として開業以来15年以上にわたり，数多くの遺言書の添削・起案作成を行ってきました。また，遺言書による相続手続き（相続財産の払戻，名義変更）や遺言執行手続きを通してさまざまな遺言書を見てきました。「使える」遺言書，「使えない」遺言書については嫌というほど熟知しています。

本書はけっして机上の空論ではなく，実践的で，よりわかりやすい「本当に使える遺言書の取扱説明書」をお示しするものです。

遺言書の基本的な書き方はもちろん，急いで遺言書をつくりたい人や書く作業がおっくうな人向けの「ちょうどよい書き方」もお伝えしつつ，さまざまな事情に沿った条項別の文例も数多くお伝えします。

　これらの文例は，ニーズのないマニアックなものは避け，私が実際お客様に起案した遺言書案の中から，特によくあるケースに絞りました。

　また，本書では類書にはあまり見ない「付言事項」のケース別の文例も数多くお伝えします。経験上，モメる遺言書の多くは財産のことしか書いてありません。付言事項に家族への想い，感謝のメッセージ，配分の理由，財産に対する思い入れ等を載せることによって遺言書の内容が，より実現しやすくなります。

　合わせて，「書く前や書いた後にやるべき実践的な行動」もお伝えします。せっかくの遺言書がその効果を十分に発揮できるかどうかは，ここで差が出ます。このことはぜひ，覚えておいてください。これは公正証書遺言でも何ら変わりません。

　遺言書を初めて書く方，じっくり書きたい方，急いで書きたい方，書きたいけど面倒だなあと思っている方，書くかどうか迷っている方々に向けて，相続遺言専門行政書士としての生の現場経験から培った「本当に使える遺言書」の作成ノウハウをお伝えする本書を読んで頂ければ，一般の方でも自信を持って「本当に使える遺言書」を書くことができます。もちろん，冒頭のいずれのトラブルも起こりえません。

　また，「親や夫に遺言書を書いてほしい」と思っているけど，なかなか言い出せないという方はぜひ本書を渡してみてください。きっと，書く人の背中を押してくれるでしょう。

　それでは早速本編に進んでまいりましょう。

2024年5月

佐山　和弘

もくじ

第5章　こんな場合の書き方は？
②法定相続人以外に遺したい

第6章　こんな場合の書き方は？
③借金や見落としやすい財産

第7章　こんな場合の書き方は？
④その他いろいろ

第8章　こんなことも書ける！　付言事項

第9章　書いた後も大事！　遺言書を書いた後の注意点

エピローグ　こんなときはどうする！？
まだある，遺言書が書けない事態

第1章

書く前も大事！
遺言書を書く前の注意点

I　遺言書は節税対策にもなる

　遺言書は相続トラブルの予防対策であって相続税の節税対策には効果がないと誤解されている人が，少なくありません。相続税の申告期限は被相続人が死亡したことを知った日の翌日から10か月以内です。

　相続税の節税対策でよく知られている「小規模宅地等の評価減」や「配偶者税額軽減」等の特例（私は「ごほうび」と呼んでいます）を適用するためにはこの申告期限を守ることが大原則です。また，それには遺産分割協議という「山」を乗り越える必要があります。

【図表１】　相続税の申告は10か月。達成するとごほうびも

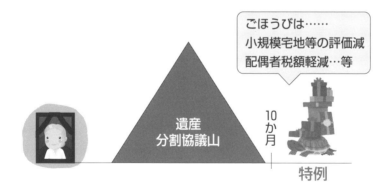

　もちろん何の問題もなくこの山を乗り越えられることもあります。しかし，この山を油断してはなりません。遺産分割の話し合いは相続人同士の欲と欲がぶつかりやすく一筋縄ではいかないものだからです。

　一見，何の変哲もなく見えていた山が，「遺産分割狂議山」という大変険しい山に変わってしまうことはザラにあります。この山を10か月以内に無事に乗り越えられる保証なんてどこにもありません。

【図表２】　遺産分割協議は，修羅場になる！？

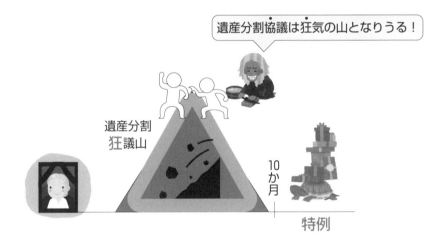

　でも安心してください。実は，この危険な山を登らなくても済むような平坦な道があります。それが遺言書です。

　そして，遺言書によってこの平坦な道を通るためには１つだけ条件があります。遺言書によって誰が何を相続するかを，あらかじめ決められているようにすることです。このことによって，期限内に乗り越えられるかどうかわからない遺産分割協議山に，そもそも登る必要がなくなるのです。

　無事，期限内に申告することができると，「小規模宅地等の評価減」や「配偶者税額軽減」等の特例も適用できます。遺言書で相続トラブルを予

防したからこそ「ごほうび」がもらえ，節税対策が実を結ぶわけです。

　もうおわかりですね。特例を適用できるよう，きちんとした内容の遺言書を書いてください。

　たとえば配偶者が受けられる相続税の税額軽減の特例を目一杯使いたいのであれば，少ししか配偶者が相続できない内容の遺言書では意味がありません。

　また，同居の長男に自宅を遺すことで小規模宅地の評価減を適用したいのであれば，適用しない二男に自宅を遺すという内容の遺言書を書くのは避けましょう。

2　遺言書は書き直せるが，認知症の人には勧められない

　遺言書は書いて封印した後でも，本人であれば新しく書き直すことができます。この場合，日付の新しいほうが有効になりますが，念のため書き直したら古い遺言書はシュレッダー等で破棄しておきましょう。

　書き直せるということは言い換えればやり直せるということでもあります。一方，相続対策で遺言書とよく比較される生前贈与は原則やり直すことができません。

　たとえば「近々，同居して老後の世話をしてくれるようなことを言っていた息子に自宅を贈与しよう」と贈与契約書を交わし，移転登記も終えていたＡさんがいたとします。しかし，いざふたを開けてみると嫁姑の些細な喧嘩がきっかけで息子夫婦は同居どころか自宅に寄り付かなくなり，孫も遊びに来なくなってしまいました。

　このような場合でも一度履行した贈与は撤回できません。仮に「当てが外れたから家の名義を返してくれ！」とＡさんが言ったところで果たして息子が応じるでしょうか？　高い贈与税もかかりますし，まず無理でしょう。生前贈与はやり直しが効かないのです。

　これがもし遺言書だったらどうでしょうか。上記のような理由で，息子に自宅を遺す内容の遺言書を書いてあったところ，もし息子の態度が期待していたものと違うので自宅を息子に遺すのを無かったことにしたい，と

なってもその実現は簡単です。遺言書を撤回するか書き直せばよいのです。

　遺言書は書くときも撤回するときも，息子はもちろん誰にも同意を得る義務はありません。一方，生前贈与は自分だけで勝手に無かったことにはできません。贈与したものはもう相手のものだからです。

　なお，１つだけ注意があります。遺言書を勧める場合，本人が認知症になっている場合は避けたほうが無難です。判断能力（＝意思能力）のない人が書いた遺言書は法的に無効になるからです。

　本人の判断能力の有無をめぐり，後に相続人同士でモメては大変です。認知症の程度はさまざまなので判断能力のある軽い認知症の人であれば有効に書くことはできるかもしれません。しかし，実際に判断能力があって書かれた遺言書であるかは，疑義の出やすいところなのでやはり元気なうちに書いておきましょう。

3　遺言書には自筆証書遺言と公正証書遺言がある

　遺言書の代表的な方式は自分で書く「自筆証書遺言」と公証人が作成する「公正証書遺言」です。他の特殊な方式もありますが，多くの人はこの2つのどちらかで遺言書を作成します。どちらも法的効力は同じですが，**図表3**のように違いは少なくありません。

【図表3】　自筆証書遺言と公正証書遺言はこんなに違う！

	自筆証書遺言	公正証書遺言
費用	不要 （保管制度利用の場合は3,900円）	公証人手数料等（数万円～）
証人	不要	2名以上必要 ≪なれない人≫ • 未成年者 • 推定相続人，受遺者，これらの配偶者及び直系血族 • 公証人の配偶者，四親等内の親族，書記及び使用人
秘密性	隠せば誰にも知られない （保管制度※利用の場合は保管担当者には知られる）	公証人（書記等含む）と証人以外には知られない

	自筆証書遺言	公正証書遺言
本人の書き直し	自由	自由
紛失・改ざん・なりすまし	ありえる （保管制度利用の場合は心配無用）	心配無用
誤記による無効	ありえる	心配無用
作る時の本人の判断能力	確認が難しい	公証人が確認
死後に遺言書を発見した時	封は開けずに家裁に検認申立てが必要	自由に見てよい
死亡後の手続き	・面倒な家裁の検認申立てが必要 　（保管制度利用の場合は検認不要だが，法務局で遺言書情報証明書の取得が必要） ・いずれも被相続人の全戸籍類等の取得が必要	左記手続きが不要

※自筆で書いた遺言書を法務局に預け，画像データ化して保管する制度です。保管制度については，212ページも参照。

　自筆証書遺言と公正証書遺言の一番の違いは遺言者が亡くなった後の手続きです。自筆証書遺言は遺言書を見つけた場合にいきなり銀行に持参しても門前払いです。

　自筆証書遺言は，まず先に家庭裁判所に遺言書の検認申立てをしなけれ

ばなりません。もし遺言書に封がしてある場合は勝手に開封してしまうと過料5万円が請求されるので要注意です。

　検認申立ては提出書類が多く，特に遺言者の出生から死亡までのすべての戸籍謄本類を揃えなければなりませんが，これが大変です。その書類集めから検認を経て，ようやく遺言書の執行手続きに移ることができるまで2か月ぐらいは見ておいたほうがよいでしょう。

　なお，自筆証書遺言でも保管制度を利用して法務局に預けている場合は，家裁の検認は不要ですが，法務局で遺言書情報証明書を取得する必要（遺言者の全戸籍類等の取得も必要）があります。

　ところで，数年前に「紀州のドン・ファン」と言われた社長の死をめぐって連日ワイドショーをにぎわせた事件をご存知でしょうか。

　その社長が書いた遺言書にあった「個人の全財産を〇〇市にキフする」が有効か無効かを争う訴えが社長の法定相続人である親族から提起されました。親族側は「今まで契約書等の大事な書類はすべて公正証書にしてきた人がコピー用紙1枚に赤ペンで書くとは思えないし，あれだけ行政嫌いだった人が市に寄付をするとは思えない。この遺言書は他人が書いたものだ！」と主張しました。その後，証拠として筆跡鑑定書も提出されました。

　これは公正証書遺言でしたら起こりえない話です。公正証書遺言の場合，公証人が印鑑登録証明書と運転免許証等できちんと本人確認をします。また，遺言者本人とマンツーマンで遺言の内容まで踏み込んで作ります。

4　遺言書は過信しない。されど法定相続分や遺留分にこだわりすぎない

　さて，遺言書を書く前にすべきことがあります。自分が亡くなったとき
に誰が相続人になるのか，法定相続分（民法に定める相続人が2人以上い
る場合の各人の相続割合。遺言書をあらかじめ作っていれば，法定相続分
と異なる相続をさせることが可能です）はどれだけあるのかを確認するこ
とです。遺留分（遺留分については後ほどご説明します）と合わせて確認
しておきましょう。**図表4**の推定相続人確認図をごらんください。

　まずは自分の名前を遺言者欄に書きます。次に推定相続人（自分が亡く
なったら相続人になる人）と考えている人の名前を書いてください。そし
てその横に法定相続分を書いてください。

　遺言書は法的効力があり，法定相続分より優先しますが，過信は禁物で
す。特に事情もなく自分よがりで特定の相続人に有利すぎる極端な内容の
遺言書は危険です。

　なぜなら一定の相続人には遺留分という権利があるからです。遺留分と
いうのは簡単に言えば不公平な遺言書を書かれたときでも，相続人が最低
限は請求できる相続分です。多くのケースは法定相続分の半分です。

　次に，**図表5**の早見表を参考にして，相続人の法定相続分と遺留分を
確認しましょう。

【図表4】　推定相続人確認図

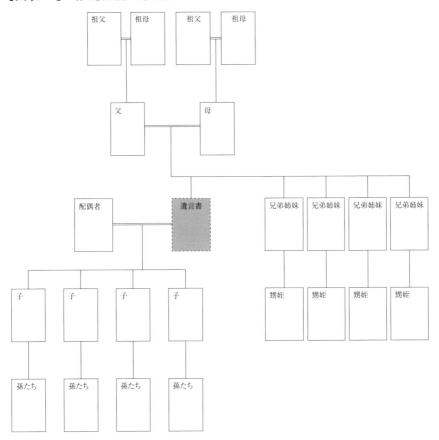

【図表5】　相続人の法定相続分と遺留分の早見表

家族構成	法定相続人	法定相続分	遺留分
子がいる場合	配偶者	1／2	1／4
	子	1／2	1／4
子がいない場合	配偶者	2／3	1／3
	親	1／3	1／6
子も親もいない場合	配偶者	3／4	1／2
	兄弟姉妹	1／4	なし！！
配偶者のみ	配偶者	すべて	1／2
子のみ	子	すべて	1／2
親のみ	親	すべて	1／3
兄弟姉妹のみ	兄弟姉妹	すべて	なし！！

※配偶者以外は頭数で均等割り

　この遺留分の請求（遺留分侵害額請求）をめぐってモメるリスクを避けるため，なるべく遺留分を満たした配分を念頭に，遺言書を書くことがお勧めです。

　いろいろな事情があるにせよ，やはり，推定相続人にまったく相続させないのは避けたほうがよいでしょう。実際に遺言書でまったく相続させてもらえなかった相続人の何人かにそのときの気持ちをうかがうと「ショックだった」「馬鹿にされたように感じた」と言う声が少なくありません。

　ただ，遺留分や法定相続分を気にしすぎて悩んでしまい，かえって遺言書が書けなくなる人もいます。また，たとえ遺言書を書けたとしても自分の想いとはまったく掛け離れた遺言書になりかねません。なるべく相続させる割合に差をつけずに遺してやりたいという気持ちはよくわかりますが，それも程度問題です。

　少しでも相続できれば印象は違うものです。ゼロと1の違いが大きいの

です。遺産分割はケーキを切るようにはいきません。ある程度偏ることはやむをえないと腹をくくることも必要です。

【図表6】　推定相続人確認図の記載例

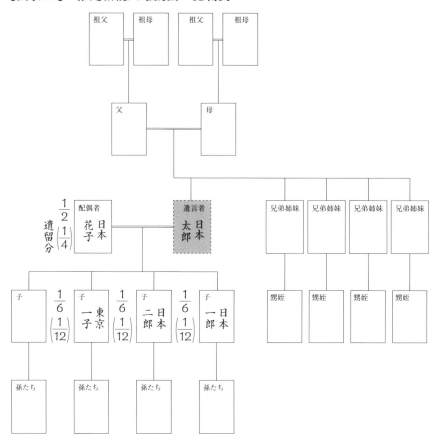

5　借金や所有財産を洗い出すことも重要

　遺言書を書くには自分の財産を把握することが大事です。この財産の確認を，**図表7**の財産目録で行いましょう。

【図表7】　財産目録

種　類	内　　　容	相続させる人
不動産	（用途，所在地等）	
現金		
預貯金	（金融機関名，支店名，残高等）	
上場株，投資信託等	（預託先金融機関名，支店名，銘柄，株数，残高等）	
車		
ゴルフ会員権		
自社株		
貸付金		
宝飾品		

種　類	内　　容	相続させる人
ペット		
死亡保険金の出る生命保険	（保険会社名，保険商品名，証券番号，死亡保険金額等）	（受取人）
火災保険（積立式）	（保険会社名，保険商品名，証券番号等）	
その他の財産		
借金，ローン	（目的，債権者，返済未了額等）	
滞納税		
連帯保証債務		
その他の負債		（あった場合）

　財産の把握で漏れやすいものと言えば，やはり不動産です。不動産は所在する自治体から所有者宛に毎年4月〜6月ごろに送られてくる固定資産納税通知書（課税明細書）で確認します。

　ただ，共有不動産の場合は共有者の1人にしか送られてきませんし，不動産が山林，私道（公衆用道路）等ばかりで免税点（ある税金について，一定金額に満たなければ課税しないとする，その金額のこと）未満になる場合も通知書は送られてこないので把握漏れが生じやすいことに注意が必

要です。

　そこでお勧めするのは固定資産名寄帳による不動産の把握です。この固定資産名寄帳は不動産が所在する自治体で取得できます。共有（持分割合を問わず）や免税点未満の山林や私道，あるいは未登記家屋でもすべて記載されています。

　そしてもう1つ不動産の把握で必要なものがあります。それが不動産登記事項証明書（通称：不動産登記簿）です。お近くの法務局で全国どこの不動産の証明書も取ることができます。不動産登記事項証明書は，漏れのないようにすべての不動産分を請求してください。遺言書はこれを見ながら書きます。

　さて「息子たちに将来それぞれ家を建てるために遺したい一筆の土地があるが，遺言書にどのように書けばよいですか？」という相談をよく頂きます。

　この場合，そのまま共有で遺すような遺言書は避けたほうがよいでしょう。相続後に土地の利用方法や分け方でモメる可能性があるからです。

　そこで，今のうちに2つに分筆しておくことをお勧めします。そうすれば各土地はもう独立したことになりますから一方の土地を長男に，もう一方を二男に遺す内容の遺言書を書くことができます。

　ところで土地を遺すとして，借金がある場合はどうでしょうか。借金もれっきとした相続財産（マイナスの財産）です。たとえば連帯保証債務，借入金，滞納税等があれば相続人が法定相続分に応じて負担しなくてはならないので遺言書に借金のことも記載しておきましょう。

　ちなみに遺言書があっても家庭裁判所への相続放棄はできます。もちろん他のプラスの財産も一切相続できなくなりますが，後になって「こんなに借金があるなら相続放棄をしたほうがよかった！」と子どもたちに言われないように借金のことも記載しておきましょう。

【図表8】 財産目録の記載例

種　類	内　　容	相続させる人
不動産	（用途，所在地等）	
	• 自宅　○○県○○市○○町○丁目○○番地	妻
	• 賃貸アパート　自宅と同市同町○丁目○番地	長男
	• 山林　北海道○○郡○○村○○番地	長男
現金	タンス預金100万円	妻
預貯金	（金融機関名，支店名，残高等）	
	• ○○銀行○○支店　　　1,500万円	長男
	• ○○信用金庫○○支店　800万円	妻
上場株，投資信託等	（預託先金融機関名，支店名，銘柄，株数，残高等）	
	• ○○信託銀行○○支店　2,000万円（投資信託）	長女
	• ○○証券○○支店　　　500万円（株式10銘柄）	長女
車	プリウス	長男
ゴルフ会員権	○○カントリークラブ	長男
自社株	なし	
貸付金	なし	
宝飾品	腕時計	長男
ペット	犬のポチ　プライスレス	妻
死亡保険金の出る生命保険	（保険会社名，保険商品名，証券番号，死亡保険金額等）	（受取人）
	○○生命保険　500万円	妻
	○○生命保険　1000万円	長男
火災保険（積立式）	（保険会社名，保険商品名，証券番号等）	
	• ○○保険 No. ○○○○	妻
	• ○○保険 No. ○○○○	長男

種　類	内　　　容	相続させる人
その他の財産	• 家財道具 • 税の還付金 • 上記以外（あった場合）	妻 妻 妻
借金，ローン	（目的，債権者，返済未了額等） 賃貸アパート修繕費用の借入金，○○銀行○○支店，2000万円	長男
滞納税	なし	
連帯保証債務	なし	
その他の負債	たぶんない	（あった場合） 長男

6 配分が少ない相続人，相続人以外に遺す場合の対応

　遺言書をモメる元にしないように，相続の配分が少なくなる子どもには，日ごろから遺言書の内容を遺言書をつくる理由や事情とともに直接話しておいてください。私はこれを「ボディーブロー」と呼んでいます。

　以前，遺言作成のお手伝いをさせて頂いたBさん（農家）のお話です。Bさんには息子と娘の2人のお子さんがいました。Bさんの希望はほとんどの財産を跡継ぎの息子に相続させることでした。

　私が「本当に娘さんにはこれだけの財産で大丈夫ですか？」とBさんに念押ししたところ「『実家も農地も母さんのことも跡取りとして全部お兄ちゃんが守っていかないといけないから，嫁に行くお前には田んぼ1枚しかあげられないぞ』と昔から娘には言い聞かせてあるから大丈夫」ということでした。

　数年後にBさんは亡くなり，娘さんからの遺留分侵害額請求も覚悟しましたが，意外に何も請求はありませんでした。

　娘さんは資産家に嫁いだわけでも，生前贈与を受けていたわけでもありません。娘さんは「昔から父には『お前には田んぼ1枚しかあげられないぞ』と何度も言われてたから覚悟してましたよ。でも本当に田んぼ1枚とは父らしいです（苦笑）」と父親のBさんといみじくも同じセリフを言っていました。

　この「ボディーブロー」は1回では効果が薄いので日ごろからさりげなく何回も打っておいてください。いい意味での「刷り込み」ですが，効き目は相続のときに現れます。

　もちろんここで挙げた例のようなボディーブローが効かないケースもあります。それでも，遺言書は書くこと以外の行動も大事なのです。最大限，打てる手は打っておきましょう。

　さて，相続人以外の人や法人に遺言書で財産を遺すことを「遺贈」と言います。遺贈するときの注意点はありがた迷惑を避けるということです。特に古い建物付きの不動産は管理処分や税金等の面倒をかけますので遺贈する場合は前もって受けてくれるかを確認してください。

　ちなみに遺贈されてもイヤだったら放棄することはできますが，せっかくなら気持ちよく受け取ってくれる相手に遺贈するほうがよいですよね。

7 家族会議で相続の意向を確認。動画撮影を依頼することもできる

「自分はこう思っているがお前の気持ちを聞かせてくれ」

必ずしも本音を言うとも限りませんが，相続を受ける側の家族の意向は参考になります。相続に興味がないと思っていた子から「法定相続分はほしい」と言われたり意外な答えも出るかもしれません。

この家族の意向を確認できるのが，家族会議です。

家族会議の理想は全員一堂に会することですが，別に無理に全員が集まる必要はありません。集まることが難しい場合は個々に意向を確認しても構いません。

家族会議には3つの注意点があります。意向に全員が納得した場合，それを真に受けないことです。「これなら遺言書を書かなくても大丈夫そうだな」と思うのは危険すぎます。親は子どもの欲を抑える重石です。重石が乗っているうちはおとなしかったのが，重石が無くなった途端にムクムクと子どもの欲が出てくるといったことを私は何度目にしたかわかりません。

2つ目の注意点は要らぬ期待を持たせないことです。家族会議はあくまで意向を尋ねているだけです。「参考にはさせてもらうけど決めるのはオレだからな」この一言を忘れずに伝えてください。

そして3つ目は気が進まない場合は家族会議を無理にしなくても大丈夫だということです。誰にも言わずに気兼ねなく書けるのも遺言書の魅力で

すから。

　さて，特に高齢の遺言者さんの場合に，なるべく動画を撮ることを私はお勧めしています。「本当に親父が書いたの？」「母さんは，このとき認知症だったのでは？」という疑義を持たれたときに，「書いたのは本人である」ということと，認知症ではなく意思能力があるということを家族全員にわかってもらうためです。

　動画を撮るときのコツは，遺言書を書いている人の顔が映るように遺言書の最初の一文字を書く場面から最後の押印するまでの一部始終を撮ることです。編集なしのノーカットで確実に全文を本人が書いたことがわかるようにしてください。

　カメラマン役は家族でも家族以外でもよいですが，信頼できる口の堅い人がよいですね。ちなみにスマホを三脚で固定した自撮りで撮影した高齢の遺言者さんもいました。

8　分割内容を決める。遺言書を書く紙は法務局の用紙を使うのがお勧め

　推定相続人と所有財産を把握したら，家族会議を参考にしつつ，いよいよ何をどう遺すかを決めましょう。ここで私が実務で重宝している**「遺す財産の分け方を考えるときのシート」（図表9）**をご紹介します。

　いきなり遺言書を書こうとするとどうしても途中で筆が止まってしまいます。まずはこのシートを使ってみてください。

　シートの書き方はこうです。最初に**所有財産**を全部書き，次に各財産別に**遺す相手**を書きます。まだ決めかねている場合は空欄のままで構いません。遺す財産には思い入れやエピソードがあるはずですので**遺す財産の思い入れ**も書いていきましょう。

　必ずしも順番通りでなくても構わないので書きやすいところからで大丈夫です。このシートを使うことで少しずつご自分の内なる思いが出てくることと思います。

　遺す相手は書き進めているうちに徐々に決まっていきます。あとはこのシートの内容をベースに本書の第2章以降の書き方例を参考にして頂ければ，スムーズに遺言書を書くことができるでしょう。

　なお，遺言書の用紙はどんな紙でも構いません。べつに立派な和紙や巻紙に書かないといけないことはありません。遺言書の全文，氏名，日付を自筆で書いて押印する（民法968条1項）ことさえ満たしていればどんな紙に書いても法的に問題ありません。たとえば，極端な話，コースター，

箸袋やチラシの裏でもＯＫです。

【図表９】　遺す財産の分け方を考えるときのシート

所有財産	遺す相手	遺す理由	遺す財産の思い入れ	その他伝えたいこと（使い道の希望等）
例）自宅	妻	老後の住まいだから	狭い我が家だが思い出がいっぱい。	感謝でいっぱい。困ったことがあれば子供たちに遠慮しないで頼ってほしい。
例）A銀行の預金	長男	生活費の足しにしてほしいから	少ない給料ながら頑張って貯めた。	無駄遣いはせず，まじめに働いてほしい。夫婦仲良くし，母さんの世話を頼む。
例）株式	長女	生活が安定しているから	買った時よりずいぶん値が下がった。売りそびれた。	少なくて申し訳ない。兄妹仲良くしてほしい。
例）アパート	二男	長男に任せるのは不安だから	おじいちゃんの代からの古アパート。小さいころ家賃の集金に付いて行った。	老朽化で空室が多いけど，本音は手放してほしくない。行く末は任せます。

所有財産	遺す相手	遺す理由	遺す財産の思い入れ	その他伝えたいこと（使い道の希望等）
例）B銀行の預金	○○財団	難病で苦しむ子どもたちとその家族を支援したいから	長年働いた会社の退職金の一部	つらい闘病生活を送る子どもたちとその家族に少しでも癒しになるような活動に使ってほしい。
⋮	⋮	⋮	⋮	⋮

　ただし，自筆証書遺言の保管制度を利用して法務局に保管する場合は「Ａ４サイズの紙」と決まっています。さらに少なくとも上部５ミリメートル，下部10ミリメートル，左20ミリメートル，右５ミリメートルの余白を取らなければ保管してくれませんのでご注意ください。

　そのためお勧めするのは法務局のサイトからダウンロードできる用紙です。これが一番確実です。余白を気にするストレスもなく，遺言書を書くことに集中できます（https://www.moj.go.jp/MINJI/common_igonsyo/pdf/001321932.pdf）。

　罫線も引いてあり書きやすいことから，自筆証書遺言の保管制度を利用しない人も使っているぐらいです。

第 2 章

これが「法的に」 有効な遺言書の書き方だ！

I　文書のタイトルは遺言書か？　遺書か？

　まずはじめに文書のタイトルは「遺言書」と「遺書」のどちらがよいでしょうか？　これは，遺言書の一択です！　遺書はお勧めしません！

　遺書には法的効力がないからです。遺書は自死を選ぶ人が死の直前に書き記したメモ書きで，消極的なメッセージです。

　対して遺言書は法的効力があります。「家族に財産を遺してあげたい」「世話になった人に寄付したい」など，自分の愛情をまわりに分け与える積極的なメッセージです。

　「遺言書を書かない人の残念すぎる言い訳」の１つに，「縁起が悪いから」というものがあります。このように思っている人は遺書と遺言書を同じ意味だと勘違いしているはずです。遺書と遺言書は字面が似ているだけでまったく別物です。

　私は日ごろ，遺言書の文案を作成して，遺言者さんを公証役場にお連れして公正証書遺言を作るお手伝いをしています。

　無事，公正証書遺言を作り終えて公証役場の玄関扉を開けたときの遺言者さんは皆本当にイキイキとした表情をしています。

　その際，「今何をやってみたいですか？」と尋ねると「旅行に行きたい！」「社交ダンスを習いたい！」「カラオケに行きたい！」等々，笑顔で皆さんそれぞれ答えてくれます。

　一方で，遺書を書くとき，その人はどんな表情をしているでしょうか？

少なくともイキイキとした笑顔で遺書を書く人はいないでしょう。遺書は死ぬために書くものです。遺言書は生きるために書くものです。全然違うものなのです。

　ところで，私はいつも公正証書遺言作成本番当日は大安の日を選んで予約しています。そして臨むネクタイは寿用の白です。遺言者さんと顔を合わせる際に開口一番「今日はおめでとうございます！」と握手します。

（写真）　公正証書遺言作成本番当日の筆者の装い

　だって大切なご家族の将来を守った記念すべき日だからです。遺言書は寿なんです。

　「遺書の書き方を教えてください」とよく言われることがあります。いつも返答に困ってしまいます。私は遺言書の書き方については専門家ですので詳しいですが，遺書の書き方は何をどうやって書けばよいのかまったく知りません。

2　遺す相手を特定する情報を記載する。文末は「相続させる」か，「遺贈する」かを明記する

　遺す相手を特定しなければ遺言書の内容は実現できません。**図表10**の遺言書例をご覧ください。

【図表10】　遺言書の例　※登場人物名等は仮名です。

遺言書

　私，日本太郎は次のとおり遺言する。

第1条，私は次の不動産を妻日本花子（昭和○○年○○月○○日生）に相続させる。

　　　　①土地（所在）○○市○○町○○（地番）○番○

　　　　　　（地目）宅地（地積）○○○．○○㎡

　　　　②建物（所在）○○市○○町○○１番地１（家屋番号）１番１

　　　　　　（種類）居宅（構造）木造かわらぶき２階建

　　　　　　（床面積）１階○○．○○㎡　２階○○．○○㎡

第2条，私は次の預金を長男日本一郎（昭和○○年○○月○○日生）に相続させる。

　　　　○○銀行○○支店に預入の普通預金（口座番号○○○○○○○）のすべて。

　　　　　　　　東洋　㊞

第3条，私は次の株式を長女日本一子（昭和○○年○○月○○日生）に相続させる。

　　　　○○証券○○支店に預託（口座番号○○○○○○○）の株式会社○
　　　　○の株式（50株）のすべて。

第4条，私は次の車を孫日本小郎（長男日本一郎の長男。平成○○年○○月
　　　　○○日生）に遺贈する。
　　　　自動車登録番号　名古屋○○○あ○○○○　　自動車の種別　普通
　　　　車名○○　車台番号　○○○○‐○○○○○○○
　　　　型式　○○○‐○○○○

第5条，私は本遺言書に記載していないすべての財産については妻日本花子
　　　　に相続させる。

第6条，私は遺言執行者として，次の者を指定する。
　　　　　氏名　青空晴夫（昭和○○年○○月○○日生）住所　○○県○○市
　　　　○○町○丁目○番地の○　職業　○○○○
　尚，遺言執行者は本遺言の執行に必要な一切の権限を有するものとする。
　　2　遺言執行者の報酬（消費税別）を遺産総額（債務を除く）の1％相
　　　当額とする。

（付言）一子へ，
　少ししか残せなくてすまない。でも分かっていると思うけど兄妹で愛情に
差があるわけじゃないからね。やっぱり一郎のことが心配でね。あいつ年金
も掛けていないし，病気のこともあるし。そういえば還暦祝いにもらった
ちゃんちゃんこは一子の手縫いだったんだね。母さんから聞いてびっくりし
たよ。初給料で連れて行ってくれた高級フレンチ，銀婚式記念にプレゼント
してくれた北海道旅行等々，本当にありがとう。涙が出るほどうれしかった
よ。
　いつまでも兄妹仲良くして，母さんのことも，よろしく頼みます。

　　　　　　　　　令和○年○月○日
　　　　　　　　　○○県○○市○○町○丁目○番地の○

遺言者　日本太郎　㊞
昭和○○年○○月○○日生
上記第3条中，二字削除，二字追加
日本太郎

　遺す相手が相続人であれば続柄，氏名，生年月日を書きましょう。相続人以外であれば氏名，生年月日，住所を書きます。特に相続人以外（友人等）の場合は遺言者から見た続柄がないので特定するためには住所が必須です。氏名や生年月日だけでは同姓同名がいるかもしれません。住民票を取ってもらいそれを見ながら正確に書きましょう。

　文末についてはどの立場の人に遺すかによって書き方が異なります。相続人に残す場合は文字どおり「相続させる」と書いてください。また，相続人以外の人（例：嫁，孫，甥，姪，従妹，他人）や法人に遺すときは「遺贈する」と書いてください。

　くれぐれも「任せる」「贈与する」「渡す」等の表現はややこしいので避けましょう。特に「任せる」という表記は危険です。たとえば「Aに不動産を任せる」場合，Aに不動産そのもの（所有権）を遺すのか，Aに管理だけを任せるのか，あるいは「誰が相続するかをAが決めてくれ」なのか，「相続人全員で遺産分割協議をして決めてくれ」なのか，いかようにも取れてしまいます。

3　遺す財産を特定する情報を記載する

　不動産は不動産登記事項証明書※どおりに書きましょう。預貯金は金融機関名，支店名，種類，口座番号を書いてください。

※通称「不動産登記簿」と呼ばれ，土地，建物，マンションなどの所在地，面積，所有者の住所，氏名などが記載された証明書です。お近くの法務局の窓口にて全国どこの不動産の証明書も取ることができます。郵送請求やオンライン請求もできます。

　特に口座番号は一桁も間違えないように書いてください。もし間違いに気づいたらきちんと訂正をしてください。ただ，訂正の仕方も民法で決められています。それを守らないと遺言書が無効になりかねないので，もう一度最初から書き直したほうが無難です。

　株式は預託先金融機関，支店名，口座番号，銘柄，株数等を書いてください。預託先金融機関から原則四半期に1回送られてくる取引残高報告書に株式の内容が記載されています。自動車は車検証に記載どおりの内容を書きます。

4 遺言執行者を定める。財産漏れに備える便利な一文を入れる

遺言執行者は遺言書の内容を具体的に実現させる人のことです。平たく言うと遺言書を持って手続きに走る人です。

いくら遺言書が書かれてあるといっても，遺言者本人が亡くなると自動的に不動産の名義が変わったり預貯金が払い戻されるわけではありません。遺言書の内容を実現する行為が必要となります。

遺言執行者は必ず指定しないといけないわけではありませんが，指定されている場合とされていない場合とでは，手続き先の必要書類が異なってきます。特に不動産を第三者に遺贈する場合は遺言執行者が指定されていないと，登記の際に相続人全員の署名捺印が必要になることにご注意ください。

また，遺言執行者は未成年者（18歳未満）と破産者以外は誰でもなることができますが，実務上は相続人か専門家のどちらかがなるのがほとんどです。後者の場合は，報酬が発生するため必ず遺言執行者本人と協議のうえで遺言書にその報酬額等を記載しておきましょう。

記載がなければ相続人との協議で決めるケースが多いですが，そこでモメる場合もありますので，やはり遺言書に記載しておいたほうが無難です。

一方，相続人を遺言執行者に指定する場合は特に金融機関に複数回，足を運ばないといけないのでやはり平日の日中に動ける人がお勧めです。

　なお，遺言書の内容に不満を持つであろう相続人を遺言執行者に指定することは NG です。財産をもらえないのにあちこち動かないといけないのはやはり酷です。もし，へそを曲げられて執行が滞ったら何も進みません。相続人にする場合は必ず遺言書で多く相続させる人を指定しておきましょう。

　さて，遺言書に書いていない財産が見つかることはザラにあります。その際はいちいち相続人全員で遺産分割協議を行い，遺産分割協議書に署名捺印（実印）をしなくてはなりません。全員の印鑑登録証明書も必要です。これは面倒ですので，それを避けるための一文（**図表10**の遺言書例の第5条）を入れておくと便利です。

5 付言で思いを伝える

「遺言書は財産のことだけを書くものではありません！」

これは私がいつも講演中に声を大にして伝えている言葉です。

「遺言書を書かない人の残念過ぎる言い訳」の1つに「財産が少ないから」というものがあります。

これは遺言書イコール財産のことを書くものだという誤解から来ています。もちろん遺言書は財産の分け方を書くものでありますが，決してそれがすべてではありません。

モメやすい遺言書の例をご覧ください（**図表11**）。

【図表11】 モメやすい遺言書例

> ### 遺言書
>
> 一，妻に不動産の全てを相続させる。
>
> 二，長男に前条以外の財産の全てを相続させる。
>
> 令和5年1月1日
>
> 日本太郎㊞

長女

　なぜ**図表11**の彼女（日本太郎の長女です）は怒っているのでしょう？財産が全然もらえないから？

　もちろんそれもあるでしょう。でもそれだけではありません。**図表11**のような遺言書を見たときに，私がいつも残念に思うことがあります。

「なぜ財産のことしか書いてないんだろう？」

ということです。では何を書けばよかったかというと，それは「付言」です。読んで字のごとく付け加える言葉です。私は「ハート」と呼んでいます。付言は通常，財産の配分が書いてある本文に続いて最後に書き添えます。

　具体的にはたとえば「ありがとう！」「大好き！」「がんばれ！」などのライトなメッセージや財産を分ける理由，昔の思い出やエピソード，今後へのエール・激励，財産のストーリー，感謝のメッセージ，使い道の希望など，いわゆる遺言者さんの想いです。

　付言に法的効力はありませんが，経験上，これが書いてあるのと無いのとでは遺言書を読んだ人の印象がまったく違います。特に，偏った内容の遺言書には，「ハート」が絶対必要です。

　よく「財産の配分を偏った内容にしちゃったからモメたんだ」と言う人がいますが，必ずしもそれだけが原因でモメているわけではありません。「配分は偏っているけど愛情には差がないんだ」ということを伝えてないからモメるのです。

　ちなみに「付言」は公正証書遺言にも記載することができます。字数制限もなく，作成時には公証人が一言一句読んでくれます。特に男性の遺言者さんは照れくさがる人もいますが，一言でも付言を書くことをお勧めします。

【図表12】　モメにくい遺言書には，「付言」がある！

遺言書

一、妻に不動産の全てを相続させる。

二、長男に前条以外の財産の全てを相続させる。

令和5年1月1日

日本太郎㊞

《付言例》

- ・感謝のメッセージ
- ・今後へのエール，激励
- ・分ける理由
- ・昔の思い出やエピソード
- ・使い道の希望
- ・財産のストーリー

6　日付と氏名は正確に記載し，押印は実印がお勧め

　これは遺言書作成の基本中の基本です。書いた日付の年は西暦でも和暦でもOKです。氏名はもちろんフルネームで書きましょう。

　自筆証書遺言に押す印鑑は拇印，認印，銀行印，三文判，実印（印鑑登録印）のどれでも有効です。ただし，お勧めするのはやはり実印です。

　遺言書の内容に不満を持つ相続人は重箱の隅をつつきたくなるものです。「本当に父さんが判を押したの？」そんなときに単に「決まってるでしょ！」と言うだけの場合と「決まってるでしょ！　ちなみに実印だよ。ほら印鑑登録証明書もあるよ」とではやはり説得力が違います。遺言書に入れる封筒に印鑑登録証明書も同封しておくといいですね。

　なお，印鑑登録証明書は死亡届を出したら取れなくなるので事前に用意しておきましょう。とにかく，なるべくツッコミどころがないようにしておくのです。

　ちなみに拇印やシャチハタ印はあまりお勧めできません。前者は本人のものと証明する鑑定（鑑定費用は数十万！）が必要になります。後者はインクですから印影が鮮やかすぎて印刷と間違えられやすいからです。やはり朱肉をつける印鑑で押しましょう。

　印鑑の押し忘れは論外でトラブルの元です。かつて亡き父親の書いた遺

言書を持って私のところに相談にみえた長男（Ａさん）夫婦がいました。

　Ａさんが「親父の机の引き出しを開けたら封筒にも入っていない1枚の紙切れを見つけたんです。見たら遺言書でした」と言うので，中身を見てみると押印がありませんでした。

私　　　「押印がないので無効です」

Ａさん「えーっ！　そうなんですか！　あっ，そうだ！（隣にいた奥様に）俺の印鑑持ってきただろ？　ちょっと出して」

私　　　「えっ？　どうするんですか？」

Ａさん「親父と苗字が一緒だから助かった〜。佐山さん，朱肉ある？」

私　　　「ダメです！！　犯罪です。相続権も失いますよ！」

Ａさん「わ，わかりました。（頭を掻きながら）すみませんでした」

　結局，後日に遺産分割協議となりました。今思い出してもヒヤッとします。くれぐれも遺言書を書くときは押印をお忘れなく。

7　複数枚ある場合は，契印やホッチキスを用いる

　遺言書の一体性を明らかにする観点から，遺言書が2枚以上になった場合はホッチキスで綴じて両ページにまたがるように押印（本文に押した同じ印鑑）してください。これを「契印」といいます。

　ちなみに契印等がされてない遺言書でも法的には問題ありませんが，1枚だけ紛失してしまったり，何者かに抜き取られたり差し替えられるリスクを考えれば，契印しておいたほうが無難です。

【図表13】　契印の例

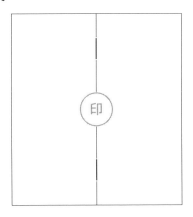

　ホッチキスで綴じて1枚目をめくり継ぎ目に押印する。
　契印は継ぎ目に1か所だけ押します。

8　誤記訂正は民法どおりに行う。 財産の種類が多い場合は 目録を添付することもできる

誤記訂正の方法は，民法968条3項に定められています。

> **民法968条3項**
> 自筆証書中の加除その他の変更は，遺言者が，その場所を指示し，これを変更した旨を付記して特にこれに署名し，かつ，その変更の場所に印を押さなければ，その効力を生じない。

　せっかく誤記に気づいても訂正の仕方を間違えると遺言書が無効になりかねません。そもそも，誤記訂正する事態とならないよう，面倒でもまずは鉛筆で下書きをしておき，その上からボールペン等で書くことをお勧めしています。いきなり本番を迎えるよりもリハーサルをしておいたほうが間違えは起こりにくいものです。ただ，書き上げたら消しゴムで鉛筆の跡を消すのを忘れないようにしましょう。

　自筆証書遺言は全文を自筆で書かなければ無効ですが，民法改正（968条2項）により，財産目録に限って別紙として添付する場合は，自筆で書かなくてもよくなりました。

　特に財産の種類が多い人は負担が減るでしょう（**図表14**の遺言書例（財産目録添付バージョン（**図表15**））を参考にしてください）。不動産は不動産登記事項証明書（コピー可），預貯金は通帳のコピー，自動車は車検証の写し等を添付すればよいです。パソコンで作った目録でもOKですし，遺言者以外の人が代筆をした目録でも構いません。

　ただ，いずれの財産目録も全ページに必ず遺言者が自分の氏名を書き，

8　誤記訂正は民法どおりに行う。財産の種類が多い場合は目録を添付することもできる

押印をしてください。そして，本文と一緒にホッチキスをして契印を押しておいたほうが無難です。

【図表14】　財産目録を添付する場合の遺言書の記載例

※※登場人物名等は仮名です。

遺言書

　私，日本太郎は次のとおり遺言する。

第1条，私は別紙1の財産を妻日本花子（昭和○○年○○月○○日生）に相
　　　　続させる。

第2条，私は別紙2の財産を長男日本一郎（昭和○○年○○月○○日生）に
　　　　相続させる。
　　　　　　　　　　　　東洋㊞
第3条，私は別紙3の財産を長女日本一子（昭和○○年○○月○○日生）に
　　　　相続させる。

第4条，私は別紙4の財産を孫日本小郎（長男日本一郎の長男。平成○○年
　　　　○○月○○日生）に遺贈する。

第5条，私は本遺言書に記載していないすべての財産については妻日本花子
　　　　に相続させる。

第6条，私は遺言執行者として，次の者を指定する。
　　　　　　氏名　青空晴夫（昭和○○年○○月○○日生）住所　○○県○○市
　　　　　○○町○丁目○番地の○
　　　　　職業　○○○○
　尚，遺言執行者は本遺言の執行に必要な一切の権限を有するものとする。
　　2　遺言執行者の報酬（消費税別）を遺産総額（債務を除く）の1％相
　　　　当額とする。

（付言）一子へ，

　少ししか残せなくてすまない。でも分かっていると思うけど兄妹で愛情に差があるわけじゃないからね。やっぱり一郎のことが心配でね。あいつ年金も掛けていないし，病気のこともあるし。そういえば還暦祝いにもらったちゃんちゃんこは一子の手縫いだったんだね。母さんから聞いてびっくりしたよ。初給料で連れて行ってくれた高級フレンチ，結婚式記念にプレゼントしてくれた北海道旅行等々，本当にありがとう。涙が出るほどうれしかったよ。

　いつまでも兄妹仲良くして，母さんのことも，よろしく頼みます。

　　　　　　　　　　　　令和○年○月○日
　　　　　　　　　　　　○○県○○市○○町○丁目○番地の○
　　　　　　　　　　　　　遺言者　日本太郎　㊞
　　　　　　　　　　　　　昭和○○年○○月○○日生
　　　　　　　　　　　　　上記第3条中，二字削除，二字追加
　　　　　　　　　　　　　　　　　　　日本太郎

8 誤記訂正は民法どおりに行う。財産の種類が多い場合は目録を添付することもできる

【図表15】 財産目録例

別紙1 (パソコンで作成)

土地 (所在) ○○市○○町○○ (地番) ○番○

(地目) 宅地　　　　　　　(地積) ○○○. ○○㎡

建物 (所在) ○○市○○町○○1番地1 (家屋番号) 1番1

(種類) 居宅　　　　　　　(構造) 木造かわらぶき2階建

(床面積) 1階○○. ○○㎡　2階○○. ○○㎡

日本太郎　㊞

別紙2

(通帳を開いた最初のページをコピー)

日本太郎　㊞

別紙3（代筆）

　　　　○○証券○○支店に預託（口座番号○○○○○○○）の
　　　株式会社○○の株式（50株）

　　　　　　　　　　　　　　　　　　　　　　　　日本太郎　㊞

別紙4

　　　　　　　　　　　　（車検証コピー）

　　　　　　　　　　　　　　　　　　　　　　　　日本太郎　㊞

第3章

「ちょうどよい」
具体的・個人的な
事情の書き方

I　続柄と氏名を書けば生年月日までは不要

　本章では，なるべく簡単に書きたい人向けに書き間違えるリスクを減らした「ちょうどよい」遺言書の書き方をご紹介致します（遺言書を間違えないで書く自信のある人，とにかく細かくきちんと書きたい人は第2章の遺言書の書き方例を参考に書いてください）。

　遺言書で大事なことは，何を誰に相続させるのかを「特定できるかどうか」です。逆に言えば十分特定できているのに詳細に書こうとしすぎたがゆえに書き間違えてしまい，かえって特定できなくなったら本末転倒です。

　ある遺言執行のお手伝いのときのことです。遺言者の長女のAさんから「母が遺言書（家裁の検認済み）を残してくれました。ただ，私の生年月日が間違ってるんですけど大丈夫でしょうか？」と言われました。

　遺言書を見るとたしかに生年月日の日付が間違っていました。「（これはまずいかもしれない）」と一抹の不安を感じながら，某金融機関に遺言書を提出したところ，案の定「生年月日が違うため，ご長女本人とは特定できませんので，この遺言書では払戻しできません」と言われてしまいました。

私　　「でも続柄と氏名が書いてあるので特定はできていますよね。誕生日の日付1桁の単なる書き間違いじゃないですか！」
担当者「少々時間をください。本社にて検討致します」

　そして2週間も待たされた後，担当者の「本来なら『誕生日は違うが長女本人に相違ない』等の文書に相続人全員の署名捺印を頂くケースですが，今回に限りこの遺言書だけで払戻し致します」との回答にほっと胸をなでおろしました。

　ただ，今回のケースはたまたま運が良かったにすぎません。厳密に言えばアウトでしょう。この金融機関のように融通を効かせてくれるところばかりではありません。

　とにかく生年月日はうろ覚えならば書かないでください。続柄と氏名で十分特定できます。書き間違うリスクがあるのでそれ以上の情報は要りません。書くなら正確な生年月日を書かなければならないのです。

　一方，他人に遺贈する場合は遺言者との続柄がないため，遺贈する相手の氏名，生年月日，住所を必ず書かなければなりません。

【図表16】 遺言書の例 「ちょうどよい」相続人の書き方

遺言書

- 不動産のすべては妻日本花子に相続させる。

- ○○銀行○○支店の預金のすべては長男日本一郎に相続させる。

- ○○証券○○支店に預託の株のすべては長女日本一子に相続させる。

- 車は孫日本小郎に遺贈する。

- 遺言書に書いてない財産はすべて妻日本花子に相続させる。

- 執行者は長男日本一郎にする。

  尚，遺言執行者は本遺言の執行に必要な一切の権限を有するものとする。

（付言）

　今までありがとう。いつまでも兄妹仲良くして，母さんのことも，よろしく頼みます。

　　　　　　　　　　　令和○年○月○日

　　　　　　　　　　　○○県○○市○○町○丁目○番地の○

　　　　　　　　　　　　　遺言者　日本太郎　㊞

2　財産を特定できるなら口座番号や地番までは不要

　私のところに血相を変えて相談にみえたＢさんのお話です。

Ｂさん「父が私に遺してくれた遺言書（家裁の検認済み）を持って○○銀行に
**　　　行ったんですが『口座番号が間違っているので預金の払い戻しはでき**
**　　　ません！』と言われてしまいました」**

　遺言書と通帳を見比べるとたしかに口座番号が２桁違っていました。肝心の正しい預金口座については遺言書に記載がないことになるため，相続人全員で遺産分割協議をして預金をどのように分けるかを決めなくてはなりません。

　遺言者名義の預金口座はこの１つだけでした。はたして口座番号まで記載する必要があったのでしょうか？

　いいえ！　遺言書はその預金が特定できる記載で十分です。唯一の預金口座であれば，金融機関名や支店名までに留めておき，わざわざ口座番号まで書く必要はありません。普通か定期かの記載さえ不要です。

　もちろん遺言書に口座番号は書いても構いません。ただ，書くなら絶対に間違えてはいけません。本書の第２章２の書き方例で口座番号や地番を載せた書き方例を紹介しましたが，42ページの書き方はきちんと間違えないように書ける人だけができるということです。なお，もし間違いに気づいたら民法（民法968条３項）どおりに正しく訂正するか，最初から書き

直してください。

　一方で、口座番号の記載が必要な場合は、たとえば同じ銀行の同じ支店内に2つ口座があるケースで、それぞれを別々の相続人に遺す場合です。

例

> 「甲銀行乙支店の預金（口座番号○○○○○○○）は長男Cに相続させる」

> 「甲銀行乙支店の預金（口座番号▲▲▲▲▲▲▲）は長女Dに相続させる」

　上記のように記載することで預金を特定します。

　遺言書に書かれた地番が間違っているケースもあります。

　私が担当した案件では、法務局から遺言書と一緒に相続人全員の署名捺印（実印）を付した上申書「この不動産は○○番地と記載してあるが正しくは△△番地であることを認める」の提出を求められたことがありました。これでは遺産分割協議書と同じです。遺言書を書いた意味がありません。

　ちなみにこのケースは兄弟間の仲が悪く、申述書の提出まで一苦労しました。

3　車は1台しかないなら，記載は「車」だけでよい

　財産として遺す自動車を特定するために，全部とは言いませんが車検証を見ながらなるべく多くの情報を書きます。

　ただし，遺す車が1台しかない場合には必ずしも多くの情報は要りません。特に自動車登録番号（いわゆるナンバー）や車台番号は番号数が多く，遺言執行時に遺言書の中にその記載を見つけると一番ヒヤッとします。

　もし書き間違えがあったら別途，相続同意書等の提出が求められるのも覚悟しなくてはなりません。私は「どうか神様，数字が間違っていませんように……」といつも祈りながら車検証で確認しています。

　はっきり言います。

　1台しかないなら，遺言書の記載は「自動車」の3文字で十分です。いや「車」1文字でも構いません。とにかくなるべく文字数を少なくして誤記のリスクを減らしましょう。

4 遺言執行者を相続人にする場合

第2章の書き方例**図表10**のように遺言執行者を第三者にする場合は氏名，住所，生年月日，職業を書いて特定したほうが無難です。

ただ，相続人も遺言執行者を兼ねることができます。その場合は続柄と氏名だけで十分特定できるので簡単です。報酬額等についても，遺言執行者を相続人とする場合，基本的に無報酬なのでそれについても書く必要がなくなります。

ちなみに遺言執行者は複数人を指定することもできます。たとえば，長男一人に任せるのは大変なので兄妹二人で一緒にやってほしい場合は，「遺言執行者は長男○○○○および長女○○○○の両名を指定する」と記載する方法です。ただ，その場合，執行するたびに兄妹二人の同意（署名捺印）が必要になるため，もし執行方法等でモメてしまうと執行ができなくなるリスクがあります。

そのため複数人を指定する場合は，財産別に遺言執行者を指定することをお勧めします。たとえば「不動産と預貯金（第1条および第2条）は長男○○○○を指定し，その他の財産（他各条）は長女○○○○を指定する」のようにです。これであれば各遺言執行者が指定された財産について単独で執行することができます。

5　付言は短くてもよい

　とくに男性の遺言者さんに多いのですが，付言を面倒くさがる人がいます。そうした場合，当然遺言書に付言を書くことを無理強いはしません。

　しかし，一言二言でもよいので，付言を書いてもらうように遺言者さんには伝えています。

　記載する付言はたとえば「ありがとう」「みんな元気で」「兄弟仲良くしてください」「母さんのこと頼むぞ」「天国から見守ってるからね」「この遺言は私の気持ちです。理解してください」等々シンプルで構いません。

　付言の記載例を紹介するとたいていの人は「そんな簡単でいいんだね。うんわかったよ」と書いてくれます。

　相続人側でも遺言書は財産のことしか書いてないものという認識がまだまだ多いため，たとえ一言でも思いもよらぬメッセージが書いてあると嬉しいものとなるはずです。

6 遺言者の住所は書くべきだが 生年月日までは不要

　民法上は「自筆証書によって遺言をするには，遺言者が，その全文，日付及び氏名を自書し，これに印を押さなければならない。」（民法968条1項）とあるだけで，遺言者の住所や生年月日を遺言書に記載することまでは要求されていません。

　ただ，実務上遺言者の住所は書くことをお勧めしています。遺言者自身を特定する情報としては氏名だけでは同姓同名がいる可能性があり十分とは言えません。特に不動産を遺す場合は必ず遺言者の住所を書いてください。

　法務局に登記上の所有者と遺言者の同一性を証明できるのは住所であるのに対して，遺言者の生年月日は考慮されませんので書いてあっても意味がありません。むしろ誤記を生む可能性があります。もちろん生年月日は書いても構いませんが絶対間違えないように正確に書いてください。本章1でお伝えしたようにやぶへびにならないようにしましょう。

7　急ぎたい人用の書き方

　遺言書は前もってゆっくり書くのが理想ですが，人間なかなか追い込まれないと動かないものです。

　「明朝入院して手術をするので，万が一のため遺言書を書いておきたい」と酸素ボンベを引きながら前日の夜に私のところに相談に来られた方がいます。

　また，余命告知を受けた人で素人目に見ても「これは急がねば！」と感じるような人もいます。そういう状態の場合で私がお手伝いする際は，長文の遺言書は避け，極力文字数を少なくする起案を心掛けています。

　とにかく急ぎで遺言書をつくりたい場合は，シンプルイズベストです。書く作業の負担や誤記のリスクも考え，なるべく簡単な内容の遺言書をお勧めします。

　金融機関名は無くても特定できるなら省きます。遺す相手の氏名も続柄を記載すれば苗字は省き，名前だけにしてもよいでしょう。遺言執行者名は必要ですが，権限については民法1012条に「遺言執行者は，遺言の内容を実現するため，相続財産の管理その他遺言の執行に必要な一切の行為をする権利義務を有する。」とあるので省いても大丈夫です。ちなみに住所の丁目や番地はハイフンでも構いません。

【図表17】　急いで遺言書をつくたい人のシンプルな遺言書の例

※登場人物名等は仮名

遺言書

・不動産のすべては妻花子に相続させる。

・預金のすべては長男一郎に相続させる。

・株のすべては長女一子に相続させる。

・車は孫小郎に遺贈する。

・他の財産はすべて妻花子に相続させる。

・執行者は長男一郎にする。

令和○年○月○日

○○県○○市○○町○－○－○

日本太郎　㊞

8　高齢者で漢字を書くのが 不安な人用の書き方

　遺言書は無理に漢字で書く必要はありません。漢字で書いて間違えるぐらいなら，最初からひらがなで書くことをお勧めします。**図表18**の文例は続柄も名前も住所も漢字になっていますが，そこもひらがなで大丈夫です。要は読めればよいのです。

　ひらがなでも読めれば，法務局や金融機関から何も言われません。もし高齢の親に遺言書を書くことを勧める場合は一言「ひらがなでもいいんだよ」と伝えてあげると気が楽になるかもしれません。

【図表18】　高齢者で漢字を書くのが不安な人用の遺言書の例

※登場人物名等は仮名

ゆいごん

・ふどうさんのすべては妻花子にそうぞくさせる。

・よきんのすべては長男一郎にそうぞくさせる。

・かぶのすべては長女一子にそうぞくさせる。

・くるまはまご小郎にいぞうする。

・ほかのざいさんはすべて妻花子にそうぞくさせる。

・しっこうしゃは長男一郎にする。

れいわ○年○月○日

○○県○○市○○町○－○－○

日本太郎　㊞

9 妻に全財産を遺すシンプルな書き方

私のところに相談に来られたある女性（Eさん）のお話です。

Eさん「夫が遺言書を書いてくれないんです」

私が理由を尋ねるとEさんは，夫に「俺たちには子どもがいないんだから，もし俺が死んだら財産は全部お前のものだろ。遺言書なんて要らないよ」と言われたそうです。

これは非常によくある誤解です。ひとしきり相談が終わって，「私が直接説明しますので次回はご主人と一緒にいらしてください」とEさんに伝えたその3か月後，なんと夫が交通事故で亡くなってしまいました。

夫が遺した相続財産は評価額3,000万円の自宅と預金1,000万円でした。一見，この夫が言っていたように子どもがいない夫婦（親は他界）の場合，夫が亡くなると妻が全部相続できるような印象を持たれるかもしれませんが，法定相続分は妻が4分の3で，夫の兄弟姉妹が4分の1です。

Eさんの夫には兄が1人いました。遺言書がないので遺産分割協議が必要です。結局，義兄が法定相続分を主張したことで預金1,000万円を相続できず「老後資金にと当てにしていたのに悔しいわ」とEさんは落胆しました。

でも，まだ預金があるだけよかったかもしれません。もし預金がなけれ

ばEさんが自宅を取得する代わりに自腹を切って750万円（自宅3,000万円の4分の1）を渡さなければならなかったでしょう。

　Eさんの亡夫が，生前「いや俺の兄は，いやしく妻に相続なんて主張してこないよ」と思っていたのなら危険でした。亡夫の兄が遺産分割の話を直接Eさんにしづらかったとしても，弁護士に依頼すれば済む話です。フツーに相続財産の4分の1を亡夫の兄に持っていかれます。

　今さらですが，「妻に全財産を相続させる」と一筆，遺言書を書いておいてくれたらよかったのです。たったこれだけで奥さんを守ることができました。24ページの遺留分早見表をもう一度ご覧ください。兄弟姉妹には遺留分がありません。すなわち，たとえ全く相続できない内容の遺言書を残された場合でも兄弟姉妹は何も請求することはできず，遺言書に従うしかないのです。

　子どもがいないご夫婦の場合，配偶者を守りたければ遺言書が必須です。遺言書が強力な武器になってくれるでしょう。

【図表19】　妻に全財産を遺す遺言書の例

※登場人物名等は仮名

遺言書

・全財産を妻日本花子に相続させる。

・執行者は妻花子にする。

令和○年○月○日

○○県○○市○○町○－○－○

日本太郎㊞

第4章

こんな場合の書き方は？
①家族を守りたい

1 夫婦がお互いを守るために遺す場合

条項例❶

第○条　私はすべての財産を妻○○○○に相続させる。

条項例❷

第○条　私はすべての財産を夫○○○○に相続させる。

　最近「夫婦相互遺言」が増えています。夫婦相互遺言は，読んで字のごとくお互いを守るためにお互いが書き合う遺言書です。ただ，遺言は，2人以上の者が同一の証書ですることができませんので（民法975条），夫婦連名の遺言書は無効です。したがって夫婦それぞれが別々に遺言書を作る必要があります。

条項例❸

第○条　私はすべての財産を妻○○○○に相続させる。

第○条　もし私より先に（または同時に）妻が死亡していたら，前条で妻に相続させるとした財産はすべて長男○○○○に相続させる。

　夫婦相互遺言では，夫婦は親子に比べて互いの年齢が近いため，年下のほうが先に亡くなるリスクに備える「予備的条項」（相続させる相手が先に亡くなったとき等，万一に備えるための遺言）も書くことをお勧めします。

　なお，**条項例❸**で「または同時に」という文言を入れています。これは
レアケースではありますが，不慮の事故等で夫婦同時に亡くなる場合に備
えるためです。いずれの事態が生じても予備的条項があれば安心です。た
だ，予備的条項については必ず書かないといけないというものではありま
せん。

　「とにかく遺言書を書く目的は私亡き後の妻の生活を守ることで，妻が
先に亡くなっていた場合は，もうその後は子どもたちで話し合って決めて
くれればいい」という方は無理に予備的条項まで書かなくても構いません。

条項例❹

> 第○条　私はすべての財産を夫○○○○に相続させる。
>
> 第○条　もし私より先に（または同時に）夫が死亡していたら，前条で
> 　　　　夫に相続させるとした財産のうち，不動産のすべては長男○○○
> 　　　　○に相続させ，不動産以外の財産のすべては長女○○○○に相続
> 　　　　させる。

　条項例❹は遺言作成時点において，妻が不動産を所有していなくても，
夫が亡くなったときには不動産を相続していることを想定した書き方です。
夫婦相互遺言の場合，配偶者が先に亡くなっていた場合は配偶者の財産を
相続するため，それも踏まえてどう遺すかを考慮して書くことをお勧めし
ます。

2　子どもに遺すけれども，妻の老後が心配な場合

条項例❺

第○条　私は次の財産を長男○○○○に相続させる。

　　　　① （不動産の表示　省略）

　　　　② （預貯金の表示　省略）

第○条　長男○○○○は前条の財産を相続する負担として妻○○○○が存命中（私が死んだ翌月から），生活費として毎月○○万円を援助し，老後の面倒を見なければならない。

条項例❻

第○条　私は次の不動産を下記の負担を付して長男○○○○に相続させる。

　　　　（不動産の表示　省略）

　　　1）長男○○○○は妻○○○○が生存中（もしくは介護施設入居まで）は本条で相続する不動産にて同居し，無償で住まわせ，老後の世話をすること。

　　　2）もし妻○○○○が認知症等で介護が必要になり，デイサービスに通わせる場合は「施設名○○○○（住所）」を第一にあたること。

　条項例❺❻は負担付き遺言といいます。負担といういわば条件を付けて相続させるものです。負担付き遺言は何か心配ごとがある場合に，それを引き受けてもらうことを条件に相続させる方法です。

　条項例❺❻では，もし長男が負担を履行しなければ遺言執行者や他の相続人が相当の期間を定めて長男に履行するように催告することができます。それでも履行しなければ家裁に遺言の取消しを請求できます。

　そのため，負担はなるべく具体的に記載するほうがよいです。負担を履行しているか否かが本人はもちろん遺言執行者や他の相続人から見てもわかるようにです。

　なお，この場合，お目付け役の遺言執行者を負担を履行する相続人（**条項例❺❻**の場合は長男）に指定するのは避けましょう。自分で自分のことをチェックするのは難しいからです。

3　妻の住まいを確保する場合 （配偶者居住権）

条項例❼

第○条　私は長男○○○○に次の土地および建物を相続させる。

　　　　　（土地および建物の表示　省略）

第○条　私は妻○○○○に前条の建物について配偶者居住権を遺贈する。

　配偶者居住権というのは文字どおり夫亡き後も配偶者が住み慣れた家に無償で住み続けられる権利です。

　条項例❼は自宅の所有権を子どもに相続させて，妻にはそこに住む居住権だけを取得できるようにするというものです。

　そもそも所有権というものには当然居住する権利も含まれていますので，最初からシンプルに所有権を妻に相続させれば済むはずです。

　では**条項例❼**のように妻に所有権ではなく配偶者居住権を遺贈する夫の目的は何でしょうか？　所有権があれば当然住むことも貸すことも売ることもできますので，住むだけの配偶者居住権よりも相続財産としての評価額は高くなります。

　そのため，妻に所有権を相続させてしまうと取得財産額がその分大きくなり，場合によっては遺留分を侵害してしまうリスクがあります。そこで，所有権ではなく，より評価額の低い配偶者居住権を遺贈することで遺留分を侵害しなくて済むどころか，住まいを確保でき，かつ，老後資金としての預貯金まで遺せる可能性が広がります。

　ちなみに配偶者居住権を取得した場合，固定資産税や修繕費は必要費として妻が負担することになります。ただ，子どもにとっては配偶者居住権付きの家の所有権を相続したところで自由に使うことはできませんし，配偶者居住権付きの家やその敷地を買う人はまずいないため売却することもできません。そういう意味では子どもが割を食う方法と言えます。

　なお，文末の書き方に注意点があります。

　前述（第2章2）のとおり，相続人に遺す場合は「相続させる」，相続人以外に遺す場合は「遺贈する」と遺言書に書くように述べました。しかし，例外的に配偶者居住権の場合，妻は相続人ですが「相続させる」と結ぶのではなく必ず「遺贈する」と結んでください。間違えやすいのでお気を付けください。

4　認知症の妻を守る場合

条項例❽

> 第○条　私は次の財産を下記の負担を付して長男○○○○および長女○
> ○○○に2分の1ずつの割合で相続させる。
> 　　　（財産の表示　省略）
> ・長男○○○○および長女○○○○は妻○○○○が存命中にか
> かる介護関係費用を折半にて負担すること。

　やはり介護も先立つ物はお金です。特に妻の年金で賄えない介護費用の不足分を夫が払っている場合で，夫が亡くなっても介護費用の支払いが滞らないようにするため，子どもたちに負担付きで相続させる例が**条項例❽**です。

条項例❾

> 第○条　私は妻○○○○に甲銀行乙支店の預金のすべてを相続させる。
> 第○条　私は遺言執行者として行政書士○○○○（住所，氏名，生年月
> 　　　日）を指定する。

　条項例❾は子どもたちではなく，認知症の妻に直接財産を遺す方法です。既に妻の口座から介護施設利用料が自動引き落としされている場合にお勧めです。

　ポイントは遺言執行者を法律専門職（士業等）の人に指定しておくことです。金融機関によっては同じ遺言執行者でも法律専門職の人とそうでない人（相続人等）とで払戻しに必要な書類が異なる場合があります。

　前者の場合は遺言執行者の署名捺印だけで済みますが，後者の場合は受益相続人（この場合は認知症の妻）にも署名捺印を求められることがあります。しかし，認知症で判断能力を失っている場合，有効に署名捺印ができないため払戻しができず，せっかくの遺言書が使えなくなります。

　法律専門職の遺言執行者を指定することで直接，認知症の母名義の口座に確実に振り込むことが可能になります。執行時に金融機関から相続人が認知症かどうかを尋ねられることもありません。

5　障害のある子どもを守る場合

条項例❿

> 第○条　私はすべての財産を二女○○○○に相続させる。
>
> 第○条　二女○○○○は前条の財産を相続する負担として長女○○○○
> 　　　　が存命中は同人の生活費を支払う等，扶養すること。（※長女が
> 　　　　知的障害）

　判断能力がなく財産管理が十分にできない障害（知的障害等）のある子どもに，直接財産を相続させるのは必ずしも得策とは言えません。せっかく相続させてもそれを自ら使うことができなければ意味がありませんし，その財産が塩漬けになってしまう可能性があるからです。

　ですから基本的な考え方としては他の兄弟姉妹に相続させたうえで，その中から障害のある子の生活費を支払う等，世話をしてもらうほうがよいでしょう。

　そして付言事項に「お姉ちゃんの面倒をお願いするうえで知っておいてほしいこと」等の希望を具体的に記載しておくと安心です。もし本当に面倒を見てくれるかどうか心配なら**条項例❿**のように負担付き遺言にするとよいでしょう。

　条項例❿では二女に全部相続させるため，遺留分侵害額請求のリスクはないとは言えませんが，判断能力のない長女自身が請求するとは思えません。

　ただ，もし成年後見人という代理人がつけば請求が来る可能性はありますので，生前にあるいは付言で「遺留分侵害額請求があるかもしれません。ちなみに○○○万円位だと思いますので準備だけはしておいてください」等と二女に伝えておきましょう。

　そもそも判断能力のない障害のある子どもを持つ親は遺言書が必須です。もし遺言書を残さず亡くなったら遺産分割協議が必要ですが，判断能力のない相続人がいる場合は無効になるため，相続手続きがストップしてしまいます。

　それでも遺産分割を進めたい場合は家裁を通じて成年後見人をつける必要がありますが，成年後見人は長女（**条項例❿**の場合）の法定相続分は確保するため，自由な配分（二女が多く相続する等）ができなくなります。

　また，法律専門家が成年後見人に選ばれた場合，後見人報酬（約月2〜6万円）を長女が亡くなるまで払う必要があります。

　ちなみに二女が後見人に選ばれれば報酬の心配はなくなりますが，あくまで誰を選ぶかを決めるのは家裁です。

6　浪費癖のある相続人が心配な場合

条項例⓫

> 第○条　私は下記のとおり信託する。
>
> 　　　　1）信託の目的　長男○○○○の浪費を防ぎ，同人の安定した生活につなげるため，生活費等の必要な資金を給付すること
>
> 　　　　2）信託財産　　○○銀行○○支店の預金のすべて
>
> 　　　　3）受益者　　　長男○○○○
>
> 　　　　4）受託者　　　三男○○○○
>
> 　　　　5）信託期間　　信託財産が無くなるまで又は受益者が死亡するまで
>
> 　　　　6）給付方法　　毎月末日に10万円を振り込む。
>
> 　　　　7）残余財産　　受益者死亡により信託が終了する場合は帰属権利者を三男○○○○にする。
>
> 　　　　8）その他の事項は別紙「信託内容書」に従う。

　預金を遺してあげたい子どもに浪費癖があれば，果たしてそのまま相続させていいものかと心配しない親はいないでしょう。

　そこで，**条項例⓫**は，直接相続させるのは避け，信託財産として預金を三男（受託者）に管理してもらいつつ，その預金から三男が毎月10万円ずつを長男に渡す方法です。これを「遺言による信託」と言います。

　遺言による信託は，昨今メディアでよく採り上げられる民事信託（家族信託）の1つです。浪費癖のある相続人にいきなり大金を渡すことにより，舞い上がって散財しないようにし，とにかくいっぺんに大金が入ってしまう状況を無くせることに意義があります。

　なお，注意点があります。遺言者が亡くなり，いざ信託スタートというときに受託者（三男）に就任拒否されないように生前に三男本人の同意を取っておいてください。もし三男が面倒くさいと就任を嫌がるようであれば信託銀行に依頼する方法もあります。

　また，受益者（長男）にも生前からよく事情を説明して理解させておいたほうがよいでしょう。

　民事信託（家族信託）は本例の浪費癖のある長男だけでなく認知症の人や障害（知的障害等）のある人を守る有用な財産管理方法の1つとして知っておいてほしいです。

7　経営者が後継者を守る場合

条項例⑫

第○条　私は次の財産を長男○○○○に相続させる。

　　　　①株式会社甲の自社株のすべて

　　　　②（不動産の表示　省略）

　　　　③（預貯金の表示　省略）

第○条　私は，長男○○○○が前条の財産を相続する負担として株式会社甲の債務に対し私が負う連帯保証の全債務を長男○○○○に承継させる。

　遺言書には経営者個人名義の財産についてだけ書いてください。特に自社株は後継者が全株，もしくは少なくとも過半数は持てるように相続させてください。もちろん，自社株は計画的に贈与することで移しても構いませんが，計画途中での不測の事態（急死等）も想定し，遺言書に書いておきましょう。

　他にも法人名義の社屋が建っている社長個人名義の敷地や運転資金に使用している社長個人名義の預金口座があれば，それも大事な商売道具ですから遺言書でピンポイントで指定して後継者に遺してください。

　これらはくれぐれも遺産分割協議のテーブルに乗せてはなりません。商売を継がない子どもに権利を持たせるのは危険です。なお，会社の借入金に対する連帯保証債務があれば，もちろん後継者に承継させてください。

条項例⓭

第○条　私は次の財産を含む事業用財産のすべてを長男○○○○に相続
　　　させる。
　　　　①（不動産の表示　省略）
　　　　②（預貯金の表示　省略）
　　　　③売掛金債権のすべて
　　　　④什器備品，機械，車両，商品等の動産のすべて
　　　　⑤○○○○の名称使用権，のれん権，特許権，商標権等のすべ
　　　　　て
　　　　⑥本条の建物の火災（地震）保険の契約者の権利のすべて
第○条　私は，長男○○○○が前条の財産を相続する負担として事業資
　　　金として金融機関から借りている借入金債務のすべてを長男○○
　　　○○に承継させる。

　個人事業主は会社経営者より個人財産を事業に使っている度合いが多い
はずです。不動産や預貯金以外にも商売道具になる財産はもれなく後継者
が相続できるようにしておいてください。

8　農家が後継者を守る場合

条項例⓮

> 第○条　私は下記の財産を長男○○○○に相続させる。
>
> 　　　①土地
>
> 　　　　所在　　○○市○○町○○　　　地番　○番○
>
> 　　　　地目　畑　　　　　　　　　　地積　○○○．○○㎡
>
> 　　　②○○農業協同組合A支店の貯金及び出資金等のすべて
>
> 　　　③農業用機械，農業用車両，農機具，納屋，道具小屋，資材，
>
> 　　　　商品，備品，肥料，種苗，家畜，牛舎，厩舎その他農業用財
>
> 　　　　産のすべて
>
> 第○条　私は長男○○○○が前条記載の財産を相続するための負担を下
>
> 　　　記に付する。
>
> 　　　１）妻花子に生活費として毎月○万円を援助し，老後の世話をす
>
> 　　　　ること。
>
> 　　　２）私が事業資金として金融機関から借りている借入金債務の一
>
> 　　　　切を承継すること。

　遺言書の内容を考えるときの絶対軸は「財産はそれを使う相続人に遺すこと」です。農地がなければ農業はできませんが，農地以外にも農業で使用する財産はいくらでもあります。どれも大事な商売道具です。これらをもれなく確実に後継者に相続させて，農業に専念できるようにしてあげて

ください。

　逆に言えば農業を継がない子どもにとって農地は不要のはずです。そうであっても，遺言書がないと遺産分割協議をして，相続人全員から署名捺印をもらわないといけなくなります。親から見れば兄弟仲良く印鑑を押してくれそうに見えるかもしれませんがまったく油断はできません。

　たとえ親でも伺い知れないのが，兄弟にしかわからない積年のうらみつらみや意地の張り合いです。この「意地」というものは必ずしもお金の問題ではないだけに厄介です。とくに本例の長男のように「この財産を相続できなければ絶対的に困る」という家族がいる場合は，どうか遺言書の力を使って守ってあげてください。

9　賃貸アパートを後継者に遺す場合

条項例⑮

第○条　私は次の財産を長男○○○○に相続させる。

①土地

所在　○○市○○町○○　　　　地番　○番○

地目　宅地　　　　　　　　　地積　○○○.○○㎡

②建物

所在　○○市○○町○○○番地○　家屋番号　○番○

種類　共同住宅　　　　　　構造　　　軽量鉄骨造2階建

床面積1階　○○.○○㎡　　　2階　○○.○○㎡

③○○銀行○○支店の貯金のすべて

第○条　私は本条記載の不動産に設定された抵当権に係る残債務全額を，長男○○○○に負担させる。

　遺産分割協議を行う場合，賃貸アパートの所有者が亡くなってから遺産分割協議がまとまるまでの家賃収入は，相続人全員で法定相続分どおりに分けなくてはなりません。

　すぐまとまればよいのですが，まとまるのになかなか時間がかかるのが遺産分割協議です。長引けば長引くほど，放っておけば放っておくほど，後継者は賃貸管理の苦労を知らない兄弟姉妹に美味しい家賃だけを渡すことになってしまいます。

　遺言書で当該アパートを受け継ぐ人を決めておけば，相続の際にそもそも遺産分割協議をして決める必要がありません。もう相続する人が決まっているわけですから，他の兄弟姉妹に家賃を渡す必要もなく，スムーズに賃貸経営のバトンタッチができます。

　なお，賃借人に対する敷金返還債務はアパートを相続した後継者が負うことになりますので，その原資に充てられるような預貯金等も合わせて後継者に相続させることをお勧めします。

　また，アパート建築費用や修繕費用のための借入金債務がある場合はそれも後継者が負担するよう合わせて書いておきましょう

10　バツイチ子持ちの男性が遺言書で プロポーズする場合

条項例⑯

第○条　私は下記の不動産をＣ（住所，生年月日）に遺贈する。

ただし，私の死亡した時点においてＣが私の妻である場合は「遺贈する」を「相続させる」と読み替える。

（不動産の表示　省略）

弊事務所の面談室に入るなり，切羽つまった表情で「どうしても彼女と結婚したいので遺言書を作ってください！」とおっしゃった相談者（Ａさん）のお話です。

私が事情を尋ねると「彼女（Ｃさん）は私の前妻との間の子ども（Ｂ）のことが気になっているようで，『もしＡさんが死んだら私と住んでいる自宅が相続財産になるでしょ。当然Ｂ君も相続人だから自宅の相続をめぐってモメるかもしれないよね。それが心配で結婚に踏み切れないの！』と言われたんです。いくら私が『Ｂは自分の家があるから大丈夫だよ』と言っても『そんなことわからないじゃない！』の一点張りです。だから遺言書を作って安心させたいんです！」とのことでした。

そこで上記の文を入れた遺言書案を作りました。ただし書の文言があれば彼女から妻（相続人）になってもスムーズに手続きができます。

　さて，公証役場に行く公正証書作成本番の日（いつもどおり大安の日）を予約し，私も証人として寿用の白いネクタイで臨みました。無事，遺言作成が終わってＡさんに「プロポーズが成功したら連絡くださいね。健闘を祈ってます！」と声を掛けました。

　その翌週でした。Ａさんが弊事務所にあいさつに来てくれました。「お世話になりました。今から入籍してきます！」と婚姻届まで見せてくれたＡさん，そして隣には右手に公正証書遺言を持った笑顔のＣさんがいました。

「相続で前妻との間の子どもとモメたくない」

　これはバツイチ子持ちの男性と結婚を考える女性が抱く共通の不安でしょう。こうした男性の皆さんは遺言書という婚約指輪を渡してみてはいかがでしょうか。

　口だけで「大丈夫だよ」と言うよりも説得力が段違いにあると思います。遺言書が，不安な彼女の背中を押してくれるはずです。

　ちなみに，遺言書を作って渡したものの，プロポーズを断られ，結局，結婚を断念した場合は注意が必要です。作った遺言書が無効になるように撤回しておくことを忘れないようにしてください。

> ## 11　再婚した人が前の結婚で生まれた子どもに遺す場合

条項例⓱

第○条　私は下記の財産を長男○○○○（私と前妻○○○○との間に生まれた子。生年月日）に相続させる。

　　　　（不動産の表示　省略）

条項例⓱は前妻との間にできた子どもを守る場合の条項例です。特にその子どもの自宅が遺言者である父親名義の場合，遺言書は必須です。

　たとえ前妻との間に生まれた子と後妻やその子ども（腹違いの兄弟）との仲が良くても，それとこれとは別です。モメやすい遺産分割協議をしなくてもいいようにお互いを守るためにも遺言書を書いてください。

条項例⓲

第○条　私は長男○○○○に次の財産を相続させる。

　　　　　　（土地および建物の表示　省略）

第○条　私は妻○○○○に前条の建物について配偶者居住権を遺贈する。

第○条　私は○○銀行○○支店の預金を長男○○○○および妻○○○○に２分の１ずつ相続させる。

条項例⓲は遺言者名義の自宅に住んでいる後妻（後妻との間の子どもな

し）を守る例です。

　自宅の所有権はあえて遺さず，配偶者居住権を遺贈して評価額を抑え，その分，預貯金も遺してあげるパターンです。80ページでお伝えしたように，配偶者居住権のみを遺贈するのは，住まいだけでなく老後資金も遺すためです。

　ちなみに私は遺言作成のために相談者の方をヒアリングする際，バツイチ子持ちで再婚した男性には特に離婚時に子どもが幼少だった場合には養育費や慰謝料を払っているのかや，別れ方（円満離婚か憎しみ合って別れたのか等）までうかがうようにしています。

　なぜならそれが相続のときに影響をもたらすことがあるからです。「江戸のかたきは長崎で討つ」ということわざがあるように，別れた夫にうらみを持つ前妻が相続人である我が子の応援団として亡き前夫の遺産分割協議でハッスルする場面を何度も見てきました。

　心当たりのある方は，遺言書を必ず書いてくださいね。

第5章

こんな場合の書き方は？
②法定相続人以外に遺したい

1　まだ見ぬ孫に遺す場合

条項例❶

> 第○条　私は甲銀行乙支店の預金のすべてを次のとおり相続させ，または遺贈する。
> 　　　　長男○○○○に対し4分の2
> 　　　　長女○○○○に対し4分の1
> 　　　　孫　　○○○○（前記長女の長女）に対し4分の1
> 第○条　もし私が亡くなった時に前記○○○○以外にも孫がいた場合は前条により同人に遺贈するとした割合の財産を同人も含めた孫全員に均等に遺贈する。

　遺言書を書いた当時と遺言者が亡くなったときとで，周りの状況が変わることはよくあります。

　たとえば，遺す相手が若くてまだ子どもができる可能性があることや，あるいは遺言作成時は独身だった子どもが遺言者が亡くなったときには結婚して子どももいるということも当然ありえます。

　もちろん都度都度で遺言書を書き直すこともできます。しかし，その書き直すこと自体を忘れたり，専門家に書き直しの依頼をする場合は費用も掛かるので，遺言書を書き直さないままとなっていることもよくあります。

　また，認知症等で判断能力がなければ書き直したくても有効に書き直す

ことができません。このように実際に遺言書を書き直すことはけっして簡単ではありません。それならということで，**条項例❶**のように最初から起こりうる事態に備える予備的条項を記載しておくことをお勧めします。

　条項例❶は「孫に少しお金を遺したいんだけど，この先，孫が何人できるかわからないのよね。ただ，とにかく孫たちには差をつけたくないの」という遺言者さんの希望に沿って起案したものです。

　ちなみに遺言者が亡くなったときに嫁や娘が妊娠中の場合には，そのお腹の中の子は産まれていたものとして他の孫と同じく遺贈を受けることができます。

　さて**条項例❶**の場合，遺言者が亡くなった時点で，仮に長男に子が2人，長女に子が3人（遺言書記載の孫を含む）の計5人の孫がいたとします。甲銀行乙支店の預金額が4,000万円の場合，この遺言書では，長男は2,000万円，長女は1,000万円，そして5人の孫が1人あたり200万円（＝4,000万円$\times \frac{1}{4} \times \frac{1}{5}$）を取得することになります。

2　内縁の配偶者や同性のパートナーに遺す場合

条項例❷

> 第○条　私は下記不動産を内縁の妻○○○○（住所，生年月日）に遺贈する。
>
> 　　　　（不動産の表示　省略）
>
> 第○条　私は前条の遺贈についての遺言執行者に内縁の妻○○○○を指定する。

　内縁の妻は内縁の夫の法定相続人にはなりません。したがって，内縁の夫の財産を相続する権利はありません。

　ちなみに相続以外の方法で，たとえば生前贈与や死因贈与契約によって，内縁の妻に財産を遺すこともできます。しかし，生前贈与は高い贈与税がかかりますし，死因贈与契約は特に預貯金の場合は払戻しを金融機関から拒否されるケースが多いので注意が必要です。

　また，本章3で後述する特別寄与料も内縁の配偶者は対象外のため請求できません。生命保険はケースによっては，死亡保険金の受取人になることが可能ですが，いずれの保険会社も条件が多くハードルが高いのが実情です。

　でも大丈夫です。遺言書を書いてあげれば，内縁の妻にも財産を堂々と遺すことができます。

　条項例❷は大事な住まいを財産として遺す書き方です。配偶者居住権は内縁関係には設定できないので（民法1028条など），条項例❷は自宅の所有権ごと遺贈する内容となっています。

　もちろん遺言執行者は忘れずに指定してください。遺言執行者は内縁の妻を指定しても大丈夫です。そうすれば相続人の協力は不要なため，内縁の妻だけで手続きができます。

条項例❸

第○条　私は下記の財産を○○○○（住所，生年月日）に遺贈する。
　　　　　（財産の表示　省略）
第○条　私は前条で遺贈する以外の財産のすべてを長男○○○○に相続
　　　　させる。

　条項例❸は，遺言者には実の子どもがいるが，離婚して現在は，同性のパートナーがいるケースを想定しています。この同性パートナーに財産を遺すときの遺言書の記載例が，条項例❸です。

　同性カップルも内縁の夫婦同様にパートナーの財産を相続することができませんが，遺言書で遺せば可能です。なお，遺言者に法定相続人がいる場合は遺留分侵害額請求のリスクも考慮したうえで書いてください。

　もし「パートナーの存在を息子に伝えたいけど俺が生きてるうちは控える」という人は付言にて思いを伝えながらカミングアウトしてみてはいかがでしょうか。

　また，お互いのために書き合う夫婦相互遺言のようにパートナー相互遺言（連名の遺言書ではありません）を作るのもよいですね。今後，法改正があるかもしれませんが，現行法でも遺言書なら大事なパートナーをしっかり守ってくれます。

3　嫁や兄弟姉妹がしてくれた介護に報いる場合

条項例❹

> 第○条　私は甲銀行乙支店の預金のすべてを嫁○○○○（長男○○○○の妻）に遺贈する。

条項例❺

> 第○条　私は長年の介護に報いるため下記の財産を妹○○○○に遺贈する。
>
> 　　　　　（財産の表示　省略）

　民法改正により「特別寄与料」という制度が2019年7月1日から導入されています。今までは嫁が夫の親（舅姑）に対してどんなに献身的な介護をしても，嫁は相続人ではないため1円も舅姑の財産を相続できませんでした。

　それが相続人ではなくても親族なら特別寄与料として相続人たちに請求できるようになりました。ただ，この制度，実際はなかなか使いづらいのが現状です。なぜなら，特別寄与料をもらうためには相続人との協議が必要だからです。

　私のところに相談に見えたＡさんは「夫の亡母の初盆で，相続人たち（夫の姉2人）にお会いしたときに特別寄与料の話をちょっとしたんだけ

ど『本当に特別の寄与といえるほど介護してくれたの？』『弟（Aさんの夫）からもらえばいいでしょ！』『じゃ，いくら欲しいの？』と矢継ぎ早にツッコまれて参りました」と請求を断念されました。

確かに相続人たち（夫の姉2人）からすれば特別寄与料の分だけ相続財産が減ってしまいますから，おいそれとは認めたくないでしょう。当然，請求する側ももらうためには証拠を提示するなどのプレゼンをせざるをえなくなります。

そもそも嫁が夫の姉2人に面と向かって「私はこれだけ介護を頑張りましたのでお金をください」と言わなければならないというのは酷です。

その点，遺贈ならピンポイントに渡すことができるため安心です。もらえるかどうかわからない特別寄与料はあてになりません。介護してくれた嫁や兄弟姉妹に報いたいなら，プレゼン不要で本人が確実に受け取ることができる遺贈をお勧めします。

4　おひとりさまの場合

条項例❻

第○条　私はすべての財産を○○○○（住所，生年月日）に遺贈する。

なお，下記不動産については後記記載の遺言執行者をして売却・換価させたうえ，その換価代金から一切の債務を弁済し，かつ売却に要する一切の費用等を控除した残額を遺贈する。

（不動産の表示　省略）

「遺言書を書かない人の残念すぎる言い訳」の１つに「おひとりさまだから」というものがあります。これは誤りです。むしろ，相続人がいないおひとりさまだからこそ，遺言書を書く意義があります。

なぜかといえば，おひとりさまは，誰にどんな配分の遺言書を書こうが，誰からも遺留分を請求される心配がないからです。すなわち，自分の好きなように財産を遺すことができるのです！

これは遺言書の大きな魅力の１つでもあります。

日ごろ私が遺言書の起案をするときにいつも悩まされるのが，遺留分の存在です。もちろん遺言書は，書く本人の希望に沿って，かつ遺留分にも配慮した内容が理想です。

ただ，実際は遺留分が起案の足かせになって，（配分の）バランスを重視しすぎるあまり，遺言の内容が本人の希望とはかけ離れたものとならざ

るをえないことも少なくありません。

　おひとりさまの場合はその足かせがまったくないのです。しかも，おひとりさまは遺言書を書かなければ所有財産が，最終的には国庫に入ってしまいます。遺言書を書けば遺留分を気にせず，自分の希望どおりの相手に100％財産を遺すことができるのに書かないのはもったいないです。

　今までお世話になった人はいませんか？　恩返しをしたい人はいませんか？　あるいは自分の財産を何かに役立てたいと思っていることはありませんか？

　条項例❻は不動産の売却手続きを遺言執行者（士業等の専門家がよい）に担ってもらい，売却代金から債務や経費等を差し引いた残額を○○○○さんに遺贈する書き方です。受遺者にとっては不動産をそのまま遺贈されるよりも受け入れやすい方法です。

　とにかく不動産を遺贈する場合はありがた迷惑にならないように，「不動産をそのままでも受け取ってくれますか？」，「売却したお金なら受け取ってくれますか？」など，遺言書を書く前に必ず相手に確認してください。

　もちろん，可能であれば生前に不動産を売却しておくことに越したことはありません。

5　ペットを守る場合

条項例❼

第○条　私は下記の財産を○○○○（住所，生年月日）に遺贈する。

　　　　①愛犬（ポチ）

　　　　②○○銀行○○支店の預金のすべて

第○条　前記○○○○は前条の遺贈を受ける負担としてポチが逝くまで
　　　　愛情を持って飼育しなければならない。

第○条　<u>もし私より先にポチが亡くなっていた場合は</u>上記②の財産は姪
　　　　○○○○に遺贈する。

条項例❽

第○条　私は下記の財産を○○○○（住所，生年月日）に遺贈する。

　　　　①愛犬（ポチ）

　　　　②○○銀行○○支店の預金のすべて

第○条　前記○○○○は前条の遺贈を受ける負担としてポチが逝くまで
　　　　愛情を持って飼育しなければならない。

第○条　<u>もし私より先に前記○○○○が亡くなっていた（又は遺贈を放
　　　　棄した）場合は</u>上記①②の財産は前条の負担付きで△△△△（住
　　　　所，生年月日）に遺贈する。

　ペットも「動産」というれっきとした財産になります。具体的にやって
ほしいことがあれば，遺贈する相手への「負担」として，遺言書に書いて
おきましょう。

　あまりにキツい負担の場合，遺贈自体を放棄されることもあるため，や
はり書く前に遺贈する相手に会って負担の内容をきちんと伝え，相手ので
きること・できないことを確認しておくことが大切です。

　条項例❼はポチが遺言者より先に亡くなっていた場合，**条項例❽**は遺贈
を受ける人が遺言者より先に亡くなっていた場合に加え，遺贈を放棄した
場合にも備える書き方です。遺贈が無効にならないように書いておくと安
心できるはずです。

6　遺贈寄付（社会貢献）をする場合

条項例❾

> 第○条　私は下記の不動産を妻○○○○に相続させる。
> 　　　　（不動産の表示　省略）
> 第○条　私は甲銀行乙支店の預金のすべてを長男○○○○に相続させる。
> 第○条　私は丙銀行丁支店の預金のすべてを公益財団法人○○○○（住
> 　　　所）に遺贈する。

　ここまでお伝えしたように，相続人以外の人や団体に遺言書で財産を遺すことを遺贈と言います。遺贈のなかでも，社会貢献を目的に遺言書を使って公益性のある法人等に財産を遺すことを遺贈寄付と言います。ともすれば遺贈寄付といえば「資産家のおひとりさまがドーン！　と全財産を遺すもの」というイメージを持たれがちですが，必ずしもそうではありません。

　条項例❾のように，家族のある人が全財産ではなく財産の一部を遺贈するケースも増えています。ちなみに遺贈寄付は税金でも優遇されており，公益性のある法人への遺贈は相続税がかかりません。

　また，遺贈寄付をする多くの人がお持ちの「使い道の希望や思い」（例「災害復興に使ってほしい」「障害のある子どもを持つ家族のために役立ててほしい」など）については，ぜひ付言に書いておきましょう。

　遺贈寄付先についてはさまざまな団体がありますが，特に自治体に遺贈するときの留意点があります。自治体によっては，たとえ使い道の希望がある遺贈であっても一般歳入として他の収入と一緒くたにされてしまうことがあるということです。

　つまり，せっかく思いがあって遺贈寄付したのに何に使われるかわからないということです。それを避けたい方は事前に自治体に確認しておいたほうが無難です。

　自治体に限らず，遺贈寄付先の団体には，次の3つを確認しておくとよいでしょう。

①　使い道の指定はどこまでできるのか
②　遺贈後の報告の有無や具体的な報告内容
③　不動産は受け取ってくれるのか

　なお，遺贈寄付を考えている相談者さんから「遺贈した財産はすべて社会貢献活動に使われるんですか？」という質問をよく頂きます。

　基本的にはどの団体も遺贈を受けた財産から間接経費（スタッフの人件費等）を差し引いた残りの財産を社会貢献活動に使います。逆にまったく何も差し引かず，遺贈を受けた財産そのまま全部を社会貢献活動に使う法人（例：日本財団）もあります。

7　後の始末をお願いする場合

条項例⑩

第○条　私は下記の負担を付して，○○○○（住所，生年月日）にすべ
　　　ての財産を包括して遺贈する。
　　　　①速やかに部屋の片付けをしてアパートを明け渡すこと。
　　　　②○○寺のお墓は墓じまいをして△△寺にて永代供養をするこ
　　　　　と。
　　　　③家賃，税金，病院・介護施設の費用等債務があればすべて支
　　　　　払うこと。

　私のところに相談に来たBさん（独身，子どもなし）は遠方に唯一の姉
弟である疎遠状態の弟がいました。Bさんには，

1）弟には財産を遺したくないし，面倒も掛けたくない
2）財産はすべて旧知の仲である友人に遺したい。ただ，その代わりに
　　後の始末をお願いしたい

という強い気持ちがありました。本例はその両方が実現できる遺言書です。
全財産を友人に遺贈すれば，遺留分がない弟は何も相続できません。また，
自分が亡くなった後の始末は負担付き遺贈という形でその友人にやっても
らうことができます。

　ちなみにアパートを借りていた場合，引き続き住まないのであれば解約しないといつまでも家賃がかかってしまいます。当然，賃貸アパート自体は家主の所有物ですのでBさんの相続には関係ありませんが，Bさんがアパートを借りるために家主と交わしていた賃貸借契約（借主の地位）はBさんの相続人（弟）が承継します。そしてその承継した相続人（弟）によって初めて解約することができます。

　ただ，**条項例❿**の場合，遺言書により友人が取得したBさんのすべての財産には「賃貸借契約における借主の地位」を含みますので弟の協力を得なくとも友人が単独で解約することができます。

　後の始末についてBさんは「特に絶対にやってほしいこと」だけを選んで法的効力のある負担として付け，あとは法的効力のない付言に希望として書きました。人それぞれですが，「負担までつけなくてもわかってくれてると思うから」と遺言書に負担は何も付けず，付言に書くのにとどめる人もいます。

　なお，本例の友人のように財産の割合を指定（「すべて」「2分の1」など）されて遺贈を受ける人を「包括受遺者」といいます。

　一方，財産を特定（「甲銀行の乙支店の預金」等）されて遺贈を受ける人を「特定受遺者」といいます。法律上，前者は相続人と同じ権利義務を持ちます（民法990条）。

　いざ負担を履行する際，負担内容や手続きの担当者によっては「相続人じゃないとできません」とまれに言われる場面がありますが，そんなときは遺言書を見せながら「私は包括受遺者ですから相続人と同じなんですよ！　民法990条に定めてありますから！」と堂々と説明してあげてください。

第 6 章

こんな場合の書き方は？
③借金や見落としやすい財産

Ｉ　債務等を精算後に，預貯金を遺す場合

条項例❶

> 第○条　私は下記預金のすべてを，第○条記載の遺言執行者をして随時・適宜の方法によりすべて金銭に換金させたうえ，換金により得られた金銭（利息・手数料等加除後の手取額）を，長男○○○○，長女○○○○，二男○○○○の３名にその取得割合各３分の１をもってそれぞれ相続させる。なお，端数が生じた場合は，遺言執行者に一任する。ただし，私の葬式費用，未払い租税公課，入院費用及び日常家事債務を含む一切の債務を控除した残額とする。
> 　　①甲銀行乙支店の預金のすべて
> 　　②丙信用金庫丁支店の預金のすべて

　相続財産（不動産や預貯金等）の分配は問題なく済んだのに，それ以外の経費の支払いでモメてしまうということが実は少なくありません。

　もちろん払い戻した預貯金の分配が済んだ後に相続人全員から，経費としてかかった分を集める方法もありますが，実際は集金がなかなか面倒なことに加え，いざ集めるときに支払い内容等でモメるリスクもあります。

　以下でお伝えするのが，まさにそうした事例です（遺言書はありませんでしたが，遺産分割協議を経て亡き母親の相続財産の分配手続きは無事に終わっていました。ところが……）。

　私の事務所に相談に来たのは，最初は亡き母親の思い出をなつかしそうに語り合っていた3兄妹です。しかし，段々と3兄妹の雲行きが怪しくなり，話題が一周忌法要の段取りの話から葬儀代（長男がとりあえず立て替えていた）に及ぶと一気にヒートアップしてしまいました。

二男「葬儀代を立て替えてるって？　兄貴は喪主だし，長男で跡継ぎなんだから香典もあるし葬式代は兄貴が持つのが当たり前だぞ！」
長男「は？　なんでだよ。そんなの関係ないだろ！」
二男「せこいこと言うね〜」
長男「もういっぺん言ってみろ！」
長女「もうみっともないからやめて！　佐山さんの前で！」

　危うくつかみ合いのケンカになりそうでした。
　条項例❶は上記のような事態を避けるための遺言書の書き方です。まずは遺言執行者にて，遺したい預貯金をいったん払戻しします。次に葬儀代含む一切の支払いをその払い戻した預貯金から控除し，そして，その残額を分ける方法です。これなら安心して葬儀代も立て替えることができます。

2　借金を残す場合

条項例❷

> 第○条　　私は債権者○○○○（住所，生年月日）に対する借金300万円について，もし私が亡くなったときにまだ完済していなかった場合は残債すべてを長男○○○○に負担させ，長女○○○○には一切負わせない。
>
> 　　なお，借用書は私の机の引き出しにある。もし相続放棄をする場合は私が亡くなってから3か月以内に家裁へ相続放棄の申述をしておくこと。

　借金は法定相続分の割合で各相続人が承継するため，債権者は借金を誰が承継するかについては遺言書の内容に従う必要はありません（民法896条，新902条の2）。

　なぜなら，もし，遺言書どおりに借金を相続した長男が返済できるだけのお金を持っていなかった場合，債権者が回収できなくなってしまうからです。遺言書であえて資力のない相続人に借金を承継させて返済から免れることができてしまったら債権者は，たまったものではありません。

　条項例❷のように，遺言者が亡くなったときに借金が300万円のままだった場合，法的には借金は法定相続分どおりに各相続人に承継されるため，長男と長女が各150万円ずつの借金を負うことになります。債権者は

長女に対して150万円の返済を請求することができます。

条項例❷の下では，もし長女が150万円を債権者に返済した場合，長女は長男に対し求償することができます。つまり遺言書の取り決めは相続人の間では有効ですから，「債権者に150万円を返済しておいたから，その分を私に払ってください」と請求できることになります。

なお，家裁に相続放棄の申述をすれば相続人から外れるため，借金は一切払う必要がなくなりますが，プラスの財産も一切相続できなくなります。

ちなみに死亡保険金は相続放棄をしても受け取ることができます。借金を残さざるをえない人は遺言書を通じて借金の存在，配分，承継者，借用書の保管場所等を相続人に伝えてあげてください。そうすれば相続放棄を含め，相続人が早いうちから落ち着いて借金をどうするかを検討することができます。

3　住宅ローン等借入れがある場合

条項例❸

> 第○条　私は下記の不動産を長男○○○○に相続させる。
>
> 　　　　（不動産の表示　省略）
>
> 　　　ただし，上記不動産に設定された抵当権に係る残りの借入金全
> 額も同人に負担させる。また，本条ただし書の定めにもかかわら
> ず，二男○○○○が当該債務を返済した場合，前記長男は前記二
> 男に対してその返済した全額を支払う。

　住宅ローンを借りる際に，遺言者が団体生命信用保険（以下，「団信」）
に入っていた場合は基本的には死亡保険金で残債務が完済できるため，**条
項例❸**のただし書以下の文は書く必要はありません。

　一方，団信に入っていない場合は残債務が残ってしまうため，**条項例❸**
のただし書を書くことをお勧めします。

　たとえば「多く相続させる長男にかかる相続税を少しでも減らしたい。
そのために相続税の債務控除に使えるように長男に借入金債務も負担させ
たい」という場合です。

　とはいうものの，**条項例❷**でお伝えしたとおり，たとえ遺言書に「債務
を特定の相続人に負担させる条項」があっても債権者はそれに従う必要が
ないため，債権者は法定相続分の割合で債務を各相続人に請求することは
できます。

　そこで（免責的）債務引き受けという方法があります。（免責的）債務引き受けとは**条項例❸**でいえば，他の相続人（二男）が法定相続割合で負う遺言者のローン債務を特定の相続人（長男）が全部引き受けることです。

　債権者の同意（審査）は要りますが，民法改正で他の相続人（このケースでは二男）の同意が不要になったこともあり，遺言書に「債務を特定の相続人に負担させる条項」を書いておくことで長男が債権者と協議する際の大きな助けになります。

条項例❹

> 第○条　私は下記の借金のすべてを長男○○○○に相続させる。
> 　　　　①クレジットカード会社○○○○に対するリボ払いの残金
> 　　　　②○○銀行のカードローンの借金

　この他に借入れと言えば，クレジットカード等の使用によるローンがあります。特に最近目につくのがリボ払いの利用による借金です。

　私がお手伝いした相続手続きでもこのリボ払いの借金を残したまま亡くなる人が最近増えています。リボ払いというのは利用金額や件数にかかわらず，支払額が毎月ほぼ一定になる支払い方法です。そのため借金額が増えても借金をしている感覚が鈍く借金が減りにくいのが特徴です。

　当然，この借金も相続財産です。借金がある場合の鉄則は「返済できないなら，せめて借金の存在を家族に伝えておくこと」です。できたら生前のうちに，無理なら遺言書で伝えましょう。

4　要らない財産（遠隔地の山林等）がある場合

条項例❺

第○条　私は長男○○○○に下記の不動産を相続させる。

（土地）

所在　○○市○○町○○　　　地番　○番○

地目　山林　　　　　　　　地積　○○○．○○㎡

なお，所在地の○○市に山林取得の届出を忘れないように出しておくこと。

　相続してもうれしくない財産（例：遠隔地の山林，荒れ果てた耕作放棄された農地，誰も住まない古家等）については，取得する財産の多い相続人に抱き合わせで相続させることをお勧めします。

　くれぐれも取得する財産の少ない相続人には相続させないようにしてください。こうした財産を，相続させても，「少ししか相続させてくれないうえに，こんな面倒な財産を押し付けるなんて！」と不満を抱かせるのが関の山です。

　なお，森林法改正により，平成24年4月以降，森林（山林）の土地の所有者となった人は原則，その土地のある自治体に対しての届出（取得から90日以内。怠ると10万円以下の過料あり）が必要になっています。

　これが「森林の土地の所有者届出制度」です。専門家でなければ知らな

いような制度ですが，過料も定められていますので忘れないように遺言書を通じて相続人に伝えてあげてください。**条項例❺**のなお書以下の注意喚起の文は付言に書くことも多いですが，強調したい場合は本文に書いても構いません。

　ところで，「相続させても固定資産税はかかってないからそんなに迷惑はかけないと思うよ」とおっしゃる相談者さんをよく見かけます。しかし，これは危険な言葉です。不動産の所有者である以上は管理責任があります。隣地まで生い茂る雑草，イノシシやタヌキ等の獣害，見知らぬ者の不法侵入，古家の倒壊，土砂崩れ……等々，リスクがあることは知っておきましょう。

　要らない財産はやはり可能な限り生前のうちに処分しておいてあげるのが理想です。その方法には次のようなものがあります。

① 　隣近所に住む人をあたる
② 　山林なら森林組合，農地なら農業委員会にあっせん依頼
③ 　現地の不動産屋さんに訊く
④ 　空き家バンクに登録
⑤ 　専門の引き取り業者に依頼
⑥ 　相続土地国家帰属制度を申し込む

などです。

5　未登記建物を遺す場合

条項例❻

> 第○条　私は長女○○○○に下記の未登記不動産を相続させる。
> 　（建物）
> 　所在地　　○○市○○町○丁目○番地○　　用途　　　車庫
> 　構造　　　コンクリートブロック造　　　屋根　　　陸屋根
> 　階層　　　平屋　　　　　　　　　　　床面積　　○○．○○㎡
> 　（○○市発行の令和○年度固定資産名寄帳より記載）

条項例❼

> 第○条　私は長女○○○○に未登記家屋のすべてを相続させる。
> 　　なお，未登記家屋取得に関する届出を○○市の税務課に忘れず
> に出しておくこと。

　未登記建物というのは法務局で登記されていない建物のことで，登記記録上，いわゆる「名無しの権兵衛」状態の建物のことです。ただ，所在地の自治体は未登記建物でも，所有者名はもちろんどんな構造で用途は何か，何階建ての建物なのか等々，詳細に把握しています。なぜかといえば，固定資産税を課税するためです。

　もし遺言書に未登記建物の取得者についての記載がない場合，相続人全員で取得者を決めて遺産分割協議書（または同意書）に署名捺印（実印）

をし，それを自治体の税務課に提出しなければなりません。

　私は日ごろから，ご相談者ご本人の書いた遺言書をチェックする機会が
よくありますが，未登記家屋が漏れている人は非常に多いです。はっきり
言って漏れていない人のほうが少ないぐらいです。

　登記されている建物を遺言書に書くときは，通常，不動産登記事項証明
書（通称不動産登記簿）どおりに書けば済みますが，未登記建物の場合は，
当然登記されていないため，**条項例❻**のように固定資産名寄帳（所在する
自治体で取得要）や固定資産税納税通知書（毎年１回，自治体から所有者
宛に郵送される）等の記載を見ながら書くようにしてください。

　その際，何を見て書いたかがわかるようにソース元「（○○市発行の令
和○年度固定資産名寄帳より記載）」も書いてください。**条項例❼**のよう
なシンプルな書き方もあります。また，未登記家屋を相続した場合に必要
になる届出を忘れないための一文も書いてもよいでしょう。

6　積立式の火災保険（例：JA建更^{たてこう}）を遺す場合

条項例❽

> 第○条　私は○○○○農業協同組合○○支店と締結している下記の建物
> 　　　　更生共済における契約者の権利のすべてを妻○○○○に相続させ
> 　　　　る。
> 　　　　　・契約番号　　○○○○　　・契約日　　○年○月○日
> 　　　　　・被共済者　　○○○○　　・満期共済金受取人　　○○○○

条項例❾

> 第○条　私はJA○○（○○支店）の建更の共済契約のすべてを妻に相
> 　　　　続させる。
> 　　　　なお，契約者の名義変更を忘れずにやっておくこと。

　次に火災保険の権利についての遺言書の書き方をみてみましょう。積立式火災保険で有名なものに，JAの建更（たてこう）と呼ばれる建物更生共済があります。

　積立式火災保険には，①満期になると満期保険金がもらえること，②満期途中に契約者が亡くなった場合は，それまで積み立てていたお金が解約返戻金として相続財産になる，という特徴があります。

　掛け捨ての火災保険の場合は基本的に建物を相続した人が単独で契約を受け継ぐ手続きができるため，遺言書に書く必要はありません。一方，積

立式の場合はそういうわけにはいきません。積み立てたお金が解約返戻金として相続財産になるため，遺言書に書いておかなければ遺産分割協議をしなくてはなりません。

　すなわち，相続人全員の署名捺印が必要になります。まずはご自分の入っている火災保険が掛け捨て式か積立式かを保険証券（共済証書）で確認しましょう。

　私は遺言書の起案をする際に建物所有の遺言者さんには積立式の火災保険に入っているかどうかを必ず確認していますが，「契約者が亡くなると積み立てた保険料が相続財産になること」，「遺言書を書かないと契約を受け継ぐための書類に相続人全員の署名捺印が必要になること」を伝えると遺言者さんは皆一様に驚きます。

　かつて遺言書に火災保険の記載が漏れていたことで必要になった同意書（＝遺産分割協議書）について，1人の相続人から署名捺印をゴネられたことがあります。

　「契約者が亡くなったけれど，名義変更をせずにいた場合，もし火災事故が起きたら保険金は出ますか？」という質問を頂くことも多いです。保険金自体は出ます。

　ただ，その保険金は相続財産として遺産分割協議が必要になり，結果，建物を相続した人が全額受け取ることができないという事態がありえます。これを避けたいのであれば遺言書にて契約を受け継ぐ人を決めておいてください。遺言書に書くことで，上記の事態は起こりえません。

7　NISA や投資信託を遺す場合

条項例⓾

> 第○条　私は長女○○○○に下記の NISA 口座にある金融資産のすべ
> てを相続させる。
> ・預託先金融機関　　甲銀行乙支店
> ・口座番号　　　　　○○○○○○○

　昨今，NISA 口座を利用して投資をする人が増えています。もし，
NISA 口座を持っている人が亡くなった場合，その NISA 口座は終了とな
ります。相続人は，その NISA 口座をそのまま利用して同口座内に残って
いる金融資産を運用することはできません。

　NISA 口座にある金融資産を相続するには，まずは「非課税口座開設者
死亡届出書」を提出し，その後は通常の相続財産同様に，戸籍類や遺産分
割協議書の提出等の手続きを経て，取得する相続人の口座（NISA 口座で
はない）に移管されることになります。

条項例⓫

> 第○条　私は甲証券乙支店に預託中の投資信託（私が亡くなった後の収
> 　　　　益分配金や元本償還金も含む）のすべてを妻○○○○および長男
> 　　　　○○○○の両名にその取得割合各2分の1をもって相続させる。
> 　　　　なお，端数が生じた場合は，遺言執行者に一任する。

　財産を割合で相続させる場合は割り切れないときに備えてその端数をどうするかについても書いておくことをお勧めします。

　「端数なんだから私が決めておかなくても2人で話し合えるでしょ」とおっしゃる人もいますが，それは危険です。なるべく2人で話し合う場面は作らず，遺言者本人が決めておいてあげるのが遺言書の鉄則です。

　書き方としては**条項例⓫**のように「遺言執行者に一任する」形でもよいですし，「端数が生じた場合は，妻に相続させる」あるいは「同，長男に相続させる」とどちらかの相続人に決めても構いません。

　また，遺言者が亡くなった後に収益分配金や元本償還金が出ることもあるため，その配分も書いておいたほうが無難です。とにかくモメる可能性のある芽は摘んでおくことが大事です。

8　家財道具を遺す場合

条項例⓬

第○条，私は下記の土地および建物を長男○○○○に相続させる。

　　　　（土地および建物の表示　省略）

第○条　私は上記建物内にある家財道具を次のとおりとする。

　　　　①壺は二男○○○○に相続させる。

　　　　②壺以外のすべての物は前記長男に相続させる。

　相続財産は不動産や預貯金だけではありません。家財道具もれっきとした相続財産です。たとえば，テレビ，クーラー，冷蔵庫，洗濯機，パソコン，タンス，ベッド，壺，絵画，衣類，着物，貴金属……等々。まさに家財道具は家の中にある動産の総称です。

　かつて大型多機能テレビをめぐってモメた兄弟や，掛け軸をめぐってモメた姉弟，コピー機をめぐってモメた兄妹の相続を見たことがあります。家を相続すると自動的に家財道具も相続したことになると思われがちですが，家と家財道具はまったく別物です。

　さて，遺言書の相談者Aさんのご自宅に伺ったときのことです。

私　　「ところでこの有田焼の壺（Aさん曰く，鑑定価格300万円）は誰に遺しますか？」

Ａさん「誰って？　これは家を相続する長男の物でしょ？」

私　　「いえ，家と家財道具は別なんです」

Ａさん「えっ！　そうなんですか。あっ，それならあまり財産を遺してやれない二男に遺してやろうかな」

　このようなやりとりを経て起案したのが**条項例⓬**でした。

条項例⓭

第○条　私は上記建物内に存する家財道具のすべてを長女○○○○に相続させる。

第○条　後記遺言執行者は前記長女の同意を得て，上記家財道具を整理処分（売却等）する。ただし，換価金が生じた場合はすべて同人に渡すこと。

　条項例⓭は遺言者亡き後，空き家になる家の家財道具についての処分方法を書いた条項例です。これは遺言執行者に家財道具の整理処分，売却をしてもらうときの書き方です。

9　私道（公衆用道路）を遺す場合

条項例⓮

第○条　私は二男○○○○に下記の不動産を相続させる。

（土地）

所在　　○○市○○町○○　　　地番　　○番○

地目　　公衆用道路　　　　　　地積　　○○○．○○㎡

なお，移転する持ち分は○分の1

　たとえ家があっても，そこに行くまでの道が通れなければ住むことはできません。同じ境遇の隣近所さんと共有で持ち合う道（土地）のことを私道（公衆用道路）といいます。当然，家屋敷だけでなく私道（公衆用道路）も合わせて相続させなくてはなりません。

　ただ，この私道（公衆用道路）は非常に見落としやすい財産です。その理由は，多くの自治体は私道（公衆用道路）が非課税なゆえに毎年，不動産の所有者宛に送る固定資産税納税通知書（課税明細書）には載せていないからです。ですから，気づきにくいのです。

　亡くなった父親Ｂさんの相続手続き（遺言書なし）で相続人宅に伺ったときのことです。

　遺産分割協議書を見ながら，しばし考え込む長男のＣさん。

Cさん「う～ん，今思い出したんですが，もし私の思い違いだったらごめんな
　　　さい」

私　　「はい，どういったことでしょうか？」

Cさん「甲市か乙市のどっちかに近所の人と共有で持っている土地があるよう
　　　なことを昔，親父（Bさん）が言ってた気がします」

Dさん（二男）「あっ，それ俺も聞いたことある！」

私　　「！！」

　早速，私はその両市に行ってそれぞれの固定資産名寄帳を請求し調べた
ところ，乙市に公衆用道路が見つかりました。危うく相続財産から漏れる
ところでした。

　このように私道は漏れやすい財産ですので生前からその存在を家族に伝
えておいてください。**条項例⓮**のように遺言書にもズバリ書いておいてく
ださい。

　私道が共有の場合は，遺言書を書く際に取得する不動産登記事項証明書
（通称：不動産登記簿）に自分の持ち分割合が載っています。これを正確
に書いてください。

10　ネット証券の株を遺す場合

条項例⑮

> 第○条　私は二男○○○○に○○証券○○支店（口座番号）に預託している株式等金融資産のすべてを相続させる。
>
> 　　　なお，ネット証券なのでまずはカスタマーセンター（電話番号）に電話して手続きを進めること。

　ネット証券に預託している株等も相続人が見落としやすい財産の代表格です。最近，高齢者の方でネット証券を利用して株の運用をしている人が増えているのを実感しています。

　相続におけるネット証券の一番のデメリットは利用者が亡くなっても相続人がその存在に気づきにくいことです。

　ネット証券では利用者本人の希望があれば，預託先金融機関から発行される取引残高報告書等を実店舗のように紙の印刷物（手紙やハガキ等）ではなく，パソコンやスマホにデータで送ることができます。

　基本的にはすべてのやりとりがインターネットを介して行われます。これでは周りは気づきにくいはずです。見落としてしまうと大事な資産が塩漬けになるどころか，相続税の申告後に税務署から財産漏れを指摘されるリスクもあります。

　ネット証券を利用するためのアプリや関連するデータはパソコンやスマホの中に入っているはずです。これらのデータに相続人がたどり着けられるよう，パソコンやスマホに入るためのログインパスワードやＩＤ，ユーザー名，フォルダ名，ファイル名，アプリ名等を遺言書の付言に書いておくと相続人は非常に助かります。少なくともカスタマーセンターの電話番号だけでも書いておいてください。

　ちなみに亡くなった利用者の口座内の金融資産は相続人の証券口座に移管されます。証券口座がない人は開設する必要がありますが，既に口座を持っている人も安心はできません。なぜなら証券会社によっては移管先口座を自社の口座に限定している場合があるからです。

　このような相続の手続きのことまで生前のうちから，あるいは遺言書で家族に伝えておくとよいですね。

　とにかくネット証券を利用する側の責任として，自分が亡くなっときに家族が困らないようにしておくことをお忘れないように。

11　出資金を遺す場合

条項例⑯

第○条　私はJA○○（○○支店）の出資金のすべてを長男○○○○に
　　　相続させる。
　　　　なお，組合を脱退するか引き継ぐかは自分で判断すること。

　出資金というのはJAでいえば農業協同組合の組合員になるときに支払う入会金のようなものです。

　出資金は他に信用組合，信用金庫，労働金庫等にもある制度です。組合に入会する主なメリットは配当（年1回）が出ることや大口融資が可能（審査有）になること，JAの直売所等で使えるお得なポイントカードがもらえる等です。

　農協の組合員には正組合員（農業従事者）と准組合員（地域に住むが農業以外の仕事に従事）があります。組合員が亡くなった場合，**条項例⑯**の遺言書があると，次の①か②のどちらかとなります。

①　長男が組合を脱退して出資金の払い戻しを受ける
②　組合は脱退せず，長男に名義変更をして，出資金は払い戻さずに組合員として長男が受け継ぐ

相続人が農業従事者でない場合，脱退か名義変更（准組合員として継続）かで悩む場面をよく見てきました。判断材料として会員でいることのメリットデメリットも遺言書で伝えておくとよいですね。

12　百貨店友の会の会員だった場合

条項例⓱

第○条　私は△△百貨店友の会における会員の権利のすべて（積立金，会員証カードの残高を含む）を長女○○○○に相続させる。

　　　　なお，会員証カードは私の財布に入っている。

　百貨店友の会（例：タカシマヤ友の会，大丸松坂屋友の会，エムアイ友の会等）というのは全国の百貨店が行う顧客向けの優待サービスです。

　会員になり，一定期間，積立てをすると満期時に積立金にボーナスがプラスされた金額が会員証カードに入るため，それを使ってお得に買い物ができます。

　会員が亡くなると積み立て途中のお金や会員証カード残高が相続財産になります。これらの相続手続きは基本的には他の財産同様に多くの戸籍類，遺産分割協議書（または同意書），相続人全員の印鑑登録証明書等が必要です。

　条項例⓱のような遺言書があれば，長女が遺言書と最低限の戸籍類を提出するだけで済みます。

13　マイルを遺す場合

条項例⑱

第○条　私は妻○○○○にANAマイルをすべて相続させる。

　　　　なお，この相続手続き申請の有効期限は私が亡くなった後，6
か月以内のため，早めにANAマイレージクラブ・サービスセン
ター（電話番号）に電話すること。

　マイルは航空会社のマイレージプログラムを通じて貯まるポイントです。一般的には飛行機に乗った距離に応じて貯まっていきますが，普段の買い物でも貯めることができます。貯めたマイルは飛行機チケットと交換したり，ホテル宿泊代や電子マネー等々に換えることもできます。

　マイルが相続財産であることを知らない人は少なくありません。このマイルをめぐってモメたケースがありました。亡くなったEさんは不動産も預貯金もなく，唯一の財産がマイル（約10万マイル）でした。海外旅行好きな長女と二女が，「（Eさんのマイルを）私が欲しい！」「ダメよ私がもらうわ！」とお互いまったく譲りません。

　ちなみに，当時の東京からニューヨークまでの片道飛行機代が約2万5千マイルでしたので10万マイルですと2回往復できます。Eさんの娘たちが必死になるのはわかります。

　ただ，ANAマイルは規約で半分に分けて相続することができないこと

になっていました。「（これは困ったなあ）」と私が嘆息交じりに頭を掻いたその時です。私の横でおとなしかったＥさんの奥様が「よし決めた！　あんたたちはケンカするから私が相続します！　佐山さん，構いませんよね？」とおっしゃいました。

「は，はい，もちろんです。奥様も相続人ですから」ということで急転直下，海外旅行に行ったこともないＥさんの奥様がマイルを相続することになりました。

とりあえずこれで一件落着となるはずでしたが，その１年後です。

Ｅさんの長女「お母さん，どうせマイル使ってないでしょ。私にちょうだいよ」
Ｅさんの奥様「ご，ごめん，実はあのマイルは相続手続きが終わった１年前に，
　　　　　　　○○（二女）に上げちゃったの」
Ｅさんの長女「えーっ！！」
Ｅさんの奥様「だってあの子（二女）ったら，マイルが私の口座に入ったすぐ
　　　　　　　くらいにもう電話してきてお願いするんだから。『お姉ちゃんに
　　　　　　　内緒ね』って」

この後日談を電話で聞いたときは驚きで，私は本当に受話器を落としそうになりました。

たとえ財産が少なくてもモメることはザラにあります。どんな物でモメるかわかりません。相続財産の種類や大小を問わず，遺産分割協議をさせないほうが賢明です。遺言書で決めておいてあげてください。なお，マイルを相続財産とするなら，申請期限についても書いておきましょう。

14　貸付金を遺す場合と免除する場合

条項例⓳

第○条　私は二女○○○○に貸している下記の債権を妻に相続させる。
　　　・貸付金額　　○○○○○円　・貸付日　　○年○月○日
　　　・返済期限　　○年○月○日
　　　・残債金額（遺言作成日現在）　　○○○○○円
　　　なお，私が亡くなった後，返済未了分がある場合は母さんに返済すること。
　　　借用書はお姉ちゃん（長女）に預けている。

　貸付金も貸金債権として相続財産になります。たとえ親子でも借用書や契約書等を交わしておくことが大事です。甘えからか他人同士より親子のほうが，なあなあになりやすいものです。

　借用書や契約書がないと「借りた覚えがない」「あのお金はくれたんじゃないの？」など，結局うやむやになってしまい，相続のときに他の相続人とモメることになりかねません。

条項例⑳

> 第○条　私は長男○○○○の私に対する下記の債務を免除します。
>
> ・借入額　○○○万円　・借入日　令和○年○月○日
>
> （理由）長男は上司からパワハラに遭い，退職を余儀なくされた。その後メンタルを病み，入退院を繰り返したが，見事，病気を克服し，難関の社労士試験に合格したこと。あきらめない姿を見せてくれたこと。

　反対に**条項例⑳**は貸したお金の返済を免除する書き方です。「債務免除」といいます。**条項例⑳**では，債務の内容に加え，債務を免除することにより生じやすい他の相続人の不満を考慮し，免除する理由を書いています。

　私のところに遺言作成の相談にみえたＦさんのお話です。

Ｆさん「遺言書には債務免除をする理由も書きたいんです」

私　　「それはいいですね」

Ｆさん「○○（Ｆさんの長男）の弟たち（二男，三男）にわかってほしいんです。○○の債務を免除することだけじゃなくて，○○が死ぬ気で頑張ったってことを一番伝えたいんです」

私　　「きっと○○さんなら会社側だけでなく働く人の気持ちもわかるような素晴らしい社労士になりますよ！」

　通常，債務免除をする理由は付言に書くことが多いのですが，Ｆさんには，長男が努力したことを強調するためにあえて本文に書くことを勧めました。

第7章

こんな場合の書き方は？
④その他いろいろ

Ⅰ　法定相続分どおりに遺す場合

条項例❶

第○条　私は下記不動産のすべてを長男○○○○及び長女○○○○の両
　　　名に法定相続分どおりに相続させる。
　　　　　　（不動産の表示　省略）
第○条　私は下記預金のすべてを，第○条記載の遺言執行者をして随
　　　時・適宜の方法によりすべて金銭に換金させたうえ，換金により
　　　得られた金銭（利息・手数料等加除後の手取額）から遺言執行報
　　　酬（費用含む）を控除した残額を前記長男および同長女の両名に
　　　法定相続分どおりをもって相続させる。なお，端数が生じた場合
　　　は，遺言執行者に一任する。
　　　　①甲銀行乙支店の預金のすべて
　　　　②丙信用金庫丁支店の預金のすべて

　遺言書を書かない人の残念すぎる言い訳の１つに「法定相続分どおりで
いいから」というものもあります。
　たしかに民法900条に法定相続分が定められてはいます。しかし，実は
法定相続分よりも相続人全員で遺産分割協議をして決めた内容のほうが優
先します。したがって，法定相続分は遺産分割協議をするときの目安程度
に思っておいたほうがよいでしょう。

　はっきり言えば，遺産分割協議が法定相続分どおりにまとまるなら誰も苦労しませんし，相続トラブルは激減するでしょう。欲と欲がぶつかり合うのが遺産分割協議です。

　「うちの子たちは欲がないからね」とよく耳にしますが，その考えはあまりにも危険です。親は子どもの欲を押さえている重石のようなものです。

　重石がなくなれば押さえられていた子どもの欲がムクムクと出てきます。そんな場面を私は何度も見てきました。「法定相続分どおりでいいから」こそ遺言書を書かなくてはいけないのです。

　なお，法定相続分どおりに遺す場合，不動産は共有で名義を付けざるをえませんが，不動産の共有は共有者の1人が将来，処分（売却や融資の担保に入れる等）したいと思ったときでも，いちいち共有者全員の署名捺印が必要になるため，それをめぐってモメることもありえます。

　そのリスクも承知のうえで本当に法定相続分どおりに遺すかどうかを考えましょう。

2　遺言執行者を決めあぐねている場合

条項例❷

第○条　私はこの遺言の執行者として長女○○○○を指定する。

第○条　遺言執行者はその権限を長男○○○○もしくは弁護士，行政書士等専門的知識を有する第三者に委任することができる。

　遺言執行者を誰にしようかなかなか決まらない遺言者さんもいます。

　遺言執行者はたいていは相続人か専門家（弁護士，行政書士，司法書士等）かの二択になります。遺言書の内容にもよりますが，財産の種類が多い，仲の悪い相続人がいる等の場合は後者の専門家のほうがよいでしょう。

　ただ，費用面（専門家報酬等）で躊躇する遺言者さんもいます。そんな場合は**条項例❷**のように，遺言執行者にまずは長女を指定しておき，いざ執行のときは指定どおり長女が執行するのもよし，弟（長男）あるいは専門家に委任することもできます。2019年施行の民法改正（1016条）により，委任条項を遺言書に書いてなくても委任できるようにはなりましたが，はたしてこのことを一般の人がどれだけ知っているでしょうか。

　経験上，遺言執行者に相続人が指定された場合，「え？　遺言執行者って何？　なんか面倒くさそう。何をどうすればいいの？」と不安になる人が少なくありません。あえて委任できる条項も遺言書に書いておくことで「ふーん，無理そうなら弟に頼んでもいいし，専門家にも委任できるんだね」と長女の不安な気持ちを軽くすることにつながります。

3　遺言執行者が先に亡くなったときなどに備える場合

条項例❸

> 第○条　私はこの遺言の執行者として妻○○○○を指定する。
>
> 　　　　ただし，同人がこの遺言の執行完了前に死亡しまたは就任を辞
>
> 　　退したときは長男○○○○を指定する。

　条項例❸は，遺言執行者のもしもに備える予備的条項の書き方です。**条項例❸**は，遺言執行者を年齢の近い配偶者にする場合はお勧めです。

　もし予備的条項が書いてなくて，遺言執行者が遺言者より先に亡くなっていた場合，相続人等が家庭裁判所に遺言執行者選任の申立てをするか，相続人の誰か（もしくは受遺者）が相続人全員から署名捺印をいちいちもらいながら払戻し等を進めていかざるをえません（後者の場合は何のために遺言書を作ったのかわかりませんね）。

　また，遺言執行者は遺言書で指定されていた場合，必ず遺言執行者に就任しないといけないわけではありません。就任を辞退することもできます。

　そうなると死亡と同じく遺言執行者がいない状態になります。こうした事態に備える書き方が，**条項例❸**です。もちろん，辞退されないように遺言書を書く前に，指定したい遺言執行者本人の同意を得ておいたほうが無難です

条項例❹

> 第○条　私はこの遺言の執行者として前記長男を指定する。
>
> 　　2　同人が遺言者より先に死亡していた場合は次の者を指定する。
>
> 　　　　住所：○○県○○市○○町○丁目○番地の○
>
> 　　　　職業：行政書士
>
> 　　　　氏名等：○○○○（昭和○○年○月○○日生）
>
> 　　3　前項記載の○○○○が死亡していた場合は次の者を指定する。
>
> 　　　　住所：○○県○○市○○町○丁目○番地の○
>
> 　　　　職業：司法書士
>
> 　　　　氏名等：△△△△（平成○○年○○月○○日生）

　条項例❹は予備的条項を2段構えとしたものです。これは私と遺言者さんの年齢が近いため（高齢ということです），遺言者さんの希望で3番手として私の同窓の後輩（平成生まれ）にお願いしたものです。

4　遺産分割を禁止する場合

条項例❺

第○条　私はすべての財産について私が亡くなった日から5年間は遺産
　　　分割を禁止する。
　　2　前項の定めにかかわらず，四男○○○○が18歳になったときは
　　　遺産分割をすることができる。

条項例❺は，自分が亡くなったときに未成年の相続人がいる場合の遺産分割協議に備える書き方です。

　私の遺言セミナーを聴き終えたAさんと帰り道が一緒になった私は，Aさんと次のような話になりました。

Aさん「遺言セミナーを聴いた後に言うのもなんですが，私が亡くなったときの財産のことはやっぱり子どもたちで話し合って決めてほしいんです。だから今のところ遺言書は書かないと思います」

私　　「そうなんですね。もちろん遺言書を書く書かないはご本人の自由ですからそれでも構いませんよ」

Aさん「ところで，私は妻（B）と4人の子どもがいるんですが，末っ子（C）がまだ小学生（8歳。三男の10歳下）なんです。もしCが未成年のときに私が亡くなった場合，財産はどうなるのでしょうか？」

私　　「遺言書がなければ相続人全員で遺産分割協議をして決める必要があります。ただ，未成年のCさんは遺産分割協議に参加できません。Bさんが親権者（法定代理人）としてCさんの代わりに参加できそうに思われるかもしれませんが，この場合，実はBさんはCさんの代わりになれません。Bさん自身も当然Aさんの相続人ですから，Bさんという相続人が2人存在することになるため，利益が相反してしまうからです。Cさんの代理人としては家庭裁判所に『特別代理人』を選任してもらわないといけません」

Aさん「それは面倒ですし，なによりC自身がちゃんと遺産分割協議に参加できる年齢（18歳）になってから分け方を決めてほしいなあ」

私　　「ちなみに法律上（民法908条），5年間だけにはなりますが，遺産分割を禁止することが遺言書でできるんです。たとえばもしAさんが亡くなったときに，Cさんが13歳だった場合，Cさんが成人（18歳）するまでの5年間は遺産分割協議を開くことを禁止することができます」

Aさん「それはいいですね！」

　このようなやりとりを経て起案したのが**条項例❺**でした。

　なお，**条項例❺**の2項はAさんが生存中にもしくは亡くなった後5年も経たずにCさんが18歳になることを想定したものです。

5　条件付きで財産を遺す場合

条項例❻

> 第○条　私は孫○○○○に100万円を次の条件付きで遺贈する。
>
> ・同人が満30歳までに税理士試験に合格すること
>
> 　ただし，もし条件を成就できなかった場合は同人に遺贈すると
> した100万円は私の長女○○○○に相続させる。

　条項例❻は停止条件付遺言です。指定した条件が実現できたときに初め
て財産が受け取れるという遺言です。

　なお，**条項例❻**の下でもし遺言者が生きているうちに孫が満30歳までに
税理士試験に合格した場合も，孫は遺言者が亡くなったときに無条件に
100万円を受け取れることになります。

　また，もし孫が試験に合格（満30歳までに）しないまま，遺言者より先
に亡くなった場合はこの条項は無効になるため，それに備えて，ただし書
のように予備的条項を書いておく方法もあります。

条項例❼

> 第○条　私は甥○○○○に下記の財産を遺贈する。
>
> 　　　　ただし，同人が甲株式会社の役員を辞めた場合，この遺贈は効
> 　　力を失う。
>
> 　　　　　　（財産の表示　省略）
>
> 第○条　前条の条件が成就した場合，前記甥に遺贈するとした財産は私
> 　　の姪○○○○に遺贈する。

　条項例❼は解除条件付き遺言です。

　解除条件付き遺言とはとりあえず財産は遺贈するけども，もし指定した条件を満たしたら遺贈はなかったこと（無効）にするという遺言です。その場合，もちろん甥はもらっていた財産を遺言者の相続人に返さなくてはなりません。そうなれば相続人全員での遺産分割協議が必要になってしまいます。

　それを避けたい場合は，**条項例❼**のように予備的条項を書いて，遺贈する二番手を指定しておくとよいでしょう。

6　預貯金を金融機関ごとに遺す場合

条項例❽

> 第○条　私は預貯金等については次のとおりとする。
> 　　①甲銀行乙支店の預金等のすべては妻○○○○に相続させる。
> 　　②ゆうちょ銀行の貯金等のすべては長男○○○○に相続させる。
> 　　③その他の金融機関の預貯金等のすべては妻○○○○に相続させ
> 　　　る。

　条項例❽のような場合，遺言書に口座番号を書かなくても大丈夫です。はっきり言いまして遺言書に口座番号は書かないほうがよいぐらいです。

　本書の「はじめに」でお伝えしましたが，特に遺言者さんが自筆で書く遺言書の場合は口座番号の誤記が怖いです。口座番号は1桁でも間違えると本当の口座が遺言書に書かれてない状態と同じとなり，遺産分割協議が必要になってしまいます。もちろん口座番号を書いても構いませんが，その場合は絶対に口座番号を間違えないようにしてください。

　さて，細かい話ですが，ゆうちょ銀行の支店名は記載不要です。また，銀行や信用金庫は「預金」と書き，ゆうちょ銀行や農協は「貯金」と書きます。

　さらに，**条項例❽**で「預金」「貯金」ではなく「預金等」「貯金等」と記載しましたのは預貯金以外の金融資産（例：出資金，国債，投資信託等）

が預託されていた場合に網羅できるようにするためです。「預（貯）金等
金融資産」と書いてもよいでしょう（もし預貯金しかないことがわかって
いれば「預金」「貯金」だけで大丈夫です）。

　また，預貯金のある金融機関に漏れがあったり，遺言作成後にあらたに
別の金融機関で口座を作らないとも限らないので，念のため，**条項例❽**の
③を書いてカバーしておくとよいですね。

条項例❾

第○条　私は預貯金については次のとおりとする。 　　　①甲銀行乙支店の普通預金のすべてを妻○○○○に相続させる。 　　　②同銀行同支店の定期預金のすべてを長男○○○○に相続させる。 　　　③丙信用金庫丁支店の預金（口座番号○○○○○○○）のすべてを長女○○○○に相続させる。 　　　④同信用金庫同支店の預金（口座番号▲▲▲▲▲▲▲▲）のすべてを二女○○○○に相続させる。

　同じ金融機関（同支店）に口座が複数あり，それぞれを別々の相続人に
遺したい場合は，**条項例❾**のように口座番号あるいは預金の種類（普通か
定期か）を記載したほうがよいでしょう。

　なお，預貯金を割合で遺す方法もあります。第4章II（**条項例⓭**），第
5章I，第6章Iを参考にしてください。

7　お墓や仏壇を守ってほしい人がいる場合

条項例❿

> 第○条　私は私と妻○○○○および祖先の祭祀の主宰者として長女○○
> ○○を指定し，同人に祭祀用財産一切を承継取得させる。
>
> 第○条　前記長女は前条の祭祀用財産（墓，仏壇等）の管理を適切に実
> 行するとともに，私たち夫婦の葬儀等を適切に執り行うものとす
> る。
>
> 　　　ただし，前記長女は私の長男○○○○および同人の妻○○○○
> がお墓や仏壇にお参りに来ても拒まないこと。

　よく「お墓や仏壇は誰に相続できるの？」という質問を頂きます。

　お墓や仏壇は一般の財産とは違い祭祀主宰者というお墓や仏壇を世話す
る人が取得します（民法897条に祭祀主宰者の決め方が定められています）。

　まず，祭祀主宰者は，第一に被相続人が指定できます。この指定は，
「遺言書に書く」「生前に伝える」のどちらでもOKです。

　もし，指定がなければその家，地域の慣習（習わし，しきたり）に従い
ます。そして被相続人の指定も慣習もない場合は家庭裁判所に申立てをし
て決めてもらいます。

　条項例❿で，ただし書を入れた理由は長女（Eさん）と弟嫁の仲があま
り良くないことを苦慮していた父親（遺言者）Dさんからの要望でした。

　Eさんに遺言内容を確認してもらうために，私がDさんのご自宅に伺ったときのことです。

Dさん「おまえ（Eさん）にお墓や仏壇の世話を任せたいけどいいか？」

Eさん「うん，私がやるしかないでしょ。弟は全然あてにならないから」

Dさん「それから第○条のただし書の文も入れたいけどいいか？」

Eさん「いいよ。べつに弟たちがお参りに来ても拒むつもりはないよ。でも来
　　　てもお茶は出さないからね」

私　　「……（苦笑）」

　私は思わずDさんと顔を見合わせてしまいました。

　結局，Eさんの了承を得たことで，ただし書の文を遺言書に入れました。

　相続トラブルは必ずしも不動産や預貯金等の分け方だけが要因で起こるとは限りません。お墓や仏壇等の仏事のことでモメるケースもよくあります。祭祀主宰者だけでも遺言書に書いて決めておくことをお勧めします。

8　介護や仏事にかかる費用に備える場合

条項例⓫

> 第○条　私は長男○○○○に○○銀行○○支店の預金をすべて相続させる。
>
> 第○条　私は前条の預金を相続する前記長男に対して次の負担を付ける。
>
> 　①妻○○○○に介護が必要になったときの介護費用だけに使うこと。
>
> 　②「母の介護費用専用口座」を作り，そこにて前条で相続する預金を管理すること。

　仏事にかかる費用に備えるケースでは**条項例⓫**の他に，「○○家の仏事費用専用口座」を作るケースもあります。つまり，遺言者が亡くなってすぐの諸経費（葬儀代等）に限らず，今後必要になる支出（年忌法要費用やお寺への寄付等）をあらかじめプールしておく書き方です。

　口座名義は管理する相続人の個人名義にはなりますが，こうして使途を限定した専用口座から支出すれば，都度都度相続人の1人が立て替えたり集金する必要もなくなります。

　専用口座を管理する相続人は支出があれば領収証等を取っておき，他の相続人からいつ尋ねられてもいいようにしておきましょう。

　使途や管理方法を遺言書の付言ではなく，あえて負担として付けると本文で明記したのは，管理する相続人に責任感を持たせるねらいからです。

9　不動産を売却して分ける場合

条項例⑫

> 第○条　私は下記の不動産を次条記載の遺言執行者をして売却換価し，その売却代金から一切の債務を弁済し，かつ，売却に伴う諸費用の全部及び遺言執行に関する一切の費用等を控除した残金を次のとおり相続させる。なお，端数が生じた場合は，遺言執行者に一任する。
>
> 　　①長男○○○○に4分の2
>
> 　　②長女○○○○に4分の1
>
> 　　③二女○○○○に4分の1
>
> 　　　　（不動産の表示　省略）
>
> 第○条　私は遺言執行者として司法書士の○○○○（住所，生年月日）を指定する。
>
> 　　なお，遺言執行者は<u>換価のための不動産の売却および登記手続き</u>並びに預貯金等のすべての財産について名義変更，解約，<u>債務の調査</u>，弁済等その他本遺言の執行に必要な一切の権限を有するものとする。

　条項例⑫のような遺言を清算型遺言といいます。清算型遺言は，不動産等を売却して債務や諸経費等を控除した残額を相続人に分配します。

　「子どもたちに面倒を掛けたくないからすべて専門家に任せたい。とに

かくお金だけを受け取れるようにしてあげたい」という思いの遺言者さんは少なくありません。もちろん相続人たちだけで売却して分けることは可能ですが，実際やってみるとかなり大変なことです。

　清算型遺言の場合，専門家（弁護士，行政書士，司法書士等）の遺言執行者に不動産の売却を任せたほうが無難です。

　なにより相続人たちで不動産仲介業者や買主を探さなくて済みます。また，相続人が望まない限りは，不動産仲介業者や買主とも会う必要がありません。売却後は遺言執行者が売却金額から債務も払ってくれますし，売却に関する費用（例：不動産仲介手数料，租税公課，登記費用等々）や遺言執行費用まで払ってくれます。

　そして残ったお金を遺言書記載の配分どおりに，相続人たちのそれぞれの口座に振り込んでくれます。もう至れり尽くせりです。これら全部を相続人たちで行うのは生半可なことではありません。

　なお，清算型遺言では遺言執行者の権限の中に「換価のための不動産の売却および登記手続き」と「債務の調査，弁済」という文言を必ず入れておいてください。これは遺言執行者の具体的な権限を表記することで，遺言執行をスムーズに行えるようにするためです。

10　不動産を売却せず代償金で分ける 場合

条項例⑬

> 第○条　私は下記の不動産を長男○○○○に相続させる。
>
> 　　　　（不動産の表示　省略）
>
> 第○条　前記長男は前条の相続に対する負担として各相続人に対し，次 の金額を代償金として支払う。なお，支払期限は前条の相続登記 が完了後，1か月以内とし，振込み（一括）による方法とする。
>
> 　　　　①長女○○○○に金，□□□万円
>
> 　　　　②二男○○○○に金，□□□万円
>
> 　　　　③二女○○○○に金，□□□万円

　1人の相続人に不動産等を遺してやりたいが，そうすると他の相続人に 遺す財産が少なくなってしまう。でも大事な財産だから売却してわけるこ とは避けたいという場合があります。

　大事な財産はたとえば，配偶者に遺したい自宅，会社後継者に遺したい 自社株，農家の後継ぎに遺したい農地，賃貸経営の後継者に遺したい賃貸 不動産などです。「財産はそれを使う人に遺す」というのが相続の鉄則で す。ただ，他に財産が少ない場合は配分が偏ってしまうことにもなります。

　そんなときには代償金を使って相続させる方法があります。代償金とは 1人の相続人に財産を多く相続させる代わりに他の相続人に対して支払う

お金のことです。**条項例⑬**の下では，弟妹に対しての代償金を長男に支払わせることで，売却させたくない大事な不動産を長男に相続させることとしています。

　なお，代償金の額としては，やはり少なくとも遺留分は考慮したほうがよいでしょう。ただ，代償金の額には決まりがありませんので遺留分に遠く満たない数万円程度の金額にする遺言者さんもいます。

　その場合は少ない代償金を受け取る相続人に理解してもらえるように遺言内容の理由や背景を生前に説明しておく，あるいは付言には書いたほうがよいでしょう。

　代償分割の大事なポイントは財産を取得して代償金を支払う側の相続人（**条項例⑬**の下では長男）が他の相続人（弟妹）に対して代償金を払えるだけのお金を持っているかどうかです。

　その対策としては生命保険がお勧めです。代償金相当の死亡保険金を長男が受け取れるような生命保険に入っておくと安心でしょう。

11　マンションの1室を遺す場合

条項例⑭

第○条　私は下記の不動産を妻○○○○に相続させる。

（一棟の建物の表示）

　　　所在　　　　　　○○市○区○○　○丁目○○番地

　　　建物の名称　　　○○○○マンション

　　　構造　　　　　　鉄筋コンクリート造○○○○葺5階建

（敷地権の目的である土地の表示）

　　　土地の符号　　　1

　　　所在及び地番　　○○市○区○○　○丁目○○番

　　　地目　　　　　　宅地

　　　地積　　　　　　○○○.○○㎡

（専有部分の建物の表示）

　　　家屋番号　　　　○○　○丁目○○番の209

　　　建物の名称　　　209

　　　種類　　　　　　居宅

　　　構造　　　　　　鉄筋コンクリート造1階建

　　　床面積　　　　　2階部分　○○.○○㎡

（敷地権の表示）

　　　土地の符号　　　1

　　　敷地権の種類　　所有権

> 敷地権の割合　　○○万○○○○分の○○○○

　条項例⓮は，法務局で取得する不動産登記事項証明書（通称：不動産登記簿）どおりに不動産を書くときの書き方です。マンション1室だけなのに文字数が多くて意外に思われるかもしれませんが，とにかく誤記に気を付けてゆっくり書いてください。書いた後の見直しもお忘れないように。

条項例⓯

> 第○条　私は不動産のすべてを妻○○○○に相続させる。

　もしマンション以外に他の不動産がない場合は**条項例⓯**の書き方をお勧めします。**条項例⓮**と比べて段違いに短くて済みます。

　なお，他に不動産が複数ある場合でもそれをすべて妻に遺すのであれば**条項例⓯**の書き方で大丈夫です。

条項例⓰

> 第○条　私は○○県甲市所在の不動産のすべてを妻○○○○に相続させる。
>
> 第○条　私は○○県乙市所在の不動産のすべてを長男○○○○に相続させる。

　ちなみにもし同県内の甲市内にマンション，乙市内にアパートがある場合で前者を妻，後者を長男に遺す場合は**条項例⓰**の書き方でもＯＫです。

12　生命保険の受取人が　先に亡くなった時に備える場合

条項例⓱

第○条　私は下記生命保険契約について，その死亡保険金受取人である
　　　妻○○○○が，私よりまたは私と同時に死亡したときはこの遺言
　　　をもって，その死亡保険金受取人を，私の妹○○○○及び弟○○
　　　○○に変更する。

- 保険証券番号　　○○○○○○○○　　　・契約日　　○年○月○日
- 保険者　　○○生命保険株式会社　　　・保険種類　　○○○○○○○
- 契約者　　○○○○　　　　　　　　　・被保険者　　○○○○

　2　私は，前記の妹および弟が取得する前項の生命保険契約に基づ
　　　く死亡保険金給付請求権の割合を，各2分の1と定める。

　3　遺言執行者は，この遺言の効力が生じた後，速やかに第1項記
　　　載の生命保険契約の保険会社に対し，前各項による保険金受取人
　　　の変更を通知するとともに，所定の手続きをとるものとする。

　保険法改正により2010年4月1日以降に締結された生命保険契約の場合，死亡保険金の受取人変更が遺言書でできるようになりました。

　これは特に遺言者（保険契約者）より先に死亡保険金の受取人が亡くなったときに備えられる「予備的条項」として遺言書に書くのが有用です。このことは意外に保険営業マンさんでも知らない人が少なくありません。

　「受取人が先に亡くなったらその時に新たな受取人に変更すれば済むの

では？」という声が聞こえてきそうですが，いざ変更が必要になったその
ときに，遺言者が元気である保証はありません。

　もし認知症等になっていて契約する行為能力がない場合は受取人を変更
することができなくなります。そしてその後に遺言者が亡くなった場合，
多くの保険契約では死亡保険金を契約時の受取人（妻）の法定相続人全員
で分けるようになっています。

　ちなみにこの**条項例⓱**の遺言者さんは「不仲の長男には死亡保険金は渡
したくない」ということから予備的な受取人を自分の妹と弟に限定したも
のです。

　なお，予備的な受取人を複数人にしたい場合は死亡保険金給付請求権の
割合を書いておきましょう。

　また，遺言執行者は速やかに遺言書の内容を保険会社に通知しましょう。
通知をしないでいると長男が受取人の相続人として保険金を請求してきた
場合，遺言書の存在を知らない保険会社が支払ってしまうリスクがあるか
らです。

13　生前に贈与した分を考慮する場合

条項例⑱

> 第○条　私は長男に起業する際の開業資金として500万円を贈与したが，
> 二男には何も贈与していない。よって特別受益として持ち戻すの
> で長男の相続分から500万円を差し引くこと。

　法律（民法903条）上，一部の相続人だけが受けた「特別受益」にあたる生前贈与は，相続分の前渡しになるため，その贈与分を計算上，相続財産に加えるように定められています。これを「特別受益の持ち戻し」といいます。

　たとえば相続財産が5,000万円，法定相続人が長男と二男だとします。相続財産5,000万円に贈与された開業資金500万円を持ち戻す（加える）と相続財産が5,500万円になるため，相続分は長男2,750万円，二男2,750万円です。

　そこで長男の相続分から長男が贈与を受けた開業資金を差し引くと2,750万円−500万円＝2,250万円になります。この2,250万円が特別受益を考慮した長男の相続分です。一方，二男は5,000万円−2,250万円＝2,750万円を相続します。

　特別受益にあたる贈与とは「遺贈，婚姻もしくは養子縁組のための贈与もしくは生計の資本としての贈与」（民法903条）です。

　一般的に特別受益にみなされやすい例としては，結婚の支度金，嫁入り道具，自宅の購入資金，開業資金，会社後継者への自社株，扶養の範囲を超える生活費，留学費用，免除した借金等があります。

　ただ，実際その贈与が特別受益にあたるかどうかはケースバイケースで，親の資力や他の相続人との比較も含めて個々に判断されます。たとえば「留学費用」が特別受益にあたらないとされることもあります。もし他の相続人も同じように留学費用の贈与を受けていたら特別受益とはいえないからです。

　また，生命保険（死亡保険金）は注意が必要です。本来，死亡保険金は受取人固有の財産になるため特別受益にはあたらないのですが，過去の裁判例からいえば，相続財産額（死亡保険金を除く）の半分を超える死亡保険金は特別受益とみなされる可能性があります。たとえば相続財産額が5,000万円の場合の2,500万円を超える死亡保険金は特別受益とみなされる可能性があります。

　なお，特別受益は遺産分割協議の際，必ず持ち戻さなくてはならないものではありません。持ち戻すか否かを相続人たちが協議して決めることができるため，もし，持ち戻してほしい場合は**条項例⓲**のように遺言書に書いておいてください。

14　生前に贈与した分を考慮しない場合

条項例⑲

> 第○条　私が子どもたちにした生前贈与についてはすべて持ち戻しを免
> 　　　　除する。よって相続財産に加算しないこと。

　ある日，Ｆさんが亡き母の遺産分割について私のところに相談にみえました。

Ｆさん　「姉と預金を半分ずつに分ける話で決まりました。でも，ちょっと気に
　　　　なっていることなんですが，生前贈与を受けていた人は，その人の相
　　　　続分から贈与された分を差し引けるんですよね？」

私　　　「はい。特別受益の持ち戻しといいます」

Ｆさん　「姉は母から嫁入り道具代わりに200万円の預金証書をもらってるはずで
　　　　すから，今度そのことを主張してもいいですか？　再度協議をやり直
　　　　したいです。まだ判は押していないですから」

私　　　「そうなんですね。ちなみにＦさんは何かお母様から贈与を受けたこと
　　　　はありますか？」

Ｆさん　「（あっけらかんと）はい。家を建てるときのローンの頭金800万円を受
　　　　け取っています」

私　　　「それも特別受益にあたりますね。そのことをお姉様はご存じですか？」

Ｆさん　「それがわからないんです」

私　　「特別受益の持ち戻しを主張するのは構わないですが，カウンターパン
　　　　チでFさんの特別受益800万円を主張される可能性もありますよ」
Fさん「えっ……（絶句）」

　特別受益の主張は，ときに相続トラブルに発展するスイッチになりかね
ません。

　それを避けたい場合，遺言書で「持ち戻しの免除」ができます。上記の
例のように子どもそれぞれに贈与をしているときは，遺言書で**条項例⓳**の
ような条項を書けば贈与全部の持ち戻しを免除することができます。

　また，「子どもたちにせがまれて贈与したわけではないんです。私が贈
与したいから贈与したんです。ですから相続分から差し引かないでほしい
です」という人も少なくありません。

　そういう場合は，**条項例⓳**がお勧めです。

条項例⓴

> 第○条　私は令和○年に長男に援助した留学費用200万円の持ち戻しを
> 　　　　免除する。

　もちろん**条項例⓴**のように特定の相続人だけの持ち戻しを免除するよう
に書くこともできます。

15　遺言書を作り直す場合

条項例㉑

> 第○条　私はこの遺言書より前に作った遺言書はすべて取り消し，撤回する。

遺言書を作り直す場合は，まず以前に作った遺言書を撤回してください。仮に複数の遺言書が出て来た場合，日付の新しいほうが有効です。

ただ，新旧の遺言書が一緒に見つかれば日付を比較できますが，古い日付の遺言書だけが先に見つかり，遺言執行も終えた後に，新しい遺言書が見つかるとも限りません。そうなると遺言執行がやり直しになってしまいます。

撤回する方法ですが，自筆で書いた遺言書を手元で保管している場合はシュレッダーで裁断するのが一番手っ取り早いです。法務局に遺言書を保管している場合は「保管申請の撤回」をして遺言書の返還を受けてから裁断してください。

一方，公正証書遺言の場合はシュレッダーに入れても撤回することにはなりません。なぜなら原本が公証役場に保管されているからです。そのため**条項例㉑**のような遺言書を書くことではじめて撤回ができます。

「公正証書遺言を自筆で書いた遺言書で撤回できますか？」はよく頂く質問です。もちろん撤回できます。反対に，自筆で書いた遺言書を公正証書遺言で撤回することもできます。

　なお，これは言わずもがなのことですが，撤回する場合は書いた本人が撤回してください。本人以外の人が勝手に撤回することは許されません。私用文書等遺棄罪（刑法259条）に該当するおそれがあるうえ，相続人なら相続欠格（民法891条5項）に値し，相続する権利を失います。

条項例㉒

> 第○条　私は平成○○年○月○日作成の遺言書（以下「原遺言」という。）の一部を次条のとおり変更する。変更しない部分はすべて原遺言のとおりである。
> 第○条　原遺言第○条についての遺言を撤回し，次のとおり遺言する。
> 記
> 　私は○○銀行○○支店の預金のすべてを二男○○○○に相続させる。

　「遺言書を一部だけ変更したい。でもそのために全部作り直すのは面倒だし費用もかかる」という人には**条項例㉒**のように一部だけ変更する遺言書を作ることもできます。以前に作った遺言書を生かす方法です。

　ちなみに**条項例㉒**のケースは前の遺言書には「長男に相続させる」と書いてありました。

　なお，**条項例㉒**の遺言書で預金の払戻手続きをする場合は銀行に新旧両方の遺言書を提出する必要があります。原遺言に遺言執行者の記載があるかどうか等を銀行が確認するためです。

第8章

こんなことも書ける！
付言事項

I　思い出やエピソード

付言例❶

○○（二男）へ,

　○○（二男）が小1の頃だったかな。当時, 工場が不況で, もう畳もうかな, 畳もうかなと毎日思っていたんだけど, 救ってくれたのが○○（二男）の寝顔だったんだ。本当に可愛くて見るたびに『頑張らなきゃ！』と勇気をもらったんだ。それから中学生のとき『お父さん, 絶対部活（野球部）は見に来ないで』と毎日言われてたよな。

　だけど○○（二男）には初めて言うけど, 最後の夏の大会をこっそり見に行ったんだよ。そしたら三年生の中で○○（二男）だけがユニフォームに背番号が無かったんだよな。補欠の姿を見られたくなかったから来てほしくなかったのかな。馬鹿だなあ, そんなこと気にするなんて。

　でも, そんな○○（二男）が一番大きな声を出してたよな。マウンドに全速力で伝令に走って皆の肩を叩いて気合入れたり, 三塁コーチのすぐ後ろでコーチよりも大きく手をグルグルと回したり, 誰よりも輝いてたぞ！　監督さんに「息子さんはチームの宝です！」と言われたときは父親としてこんな誇りに思ったことはないよ。

　そんな○○（二男）ももう30過ぎて, 今どこをほっつき歩いてるかわからないが, たまには一緒に酒でも飲みたいよ。だって自慢の息子だもん。

　これは数年前に亡くなった町工場の社長さんの付言です。

　二男とは長年不仲だったそうですが，一方で「商売のこともあるから，二男のやつには何も遺してあげられないけど，二男のことは可愛くてしょうがないんだ」ともおっしゃっていました。

　そこで私が「たとえばどんなところですか？」と尋ねたときに照れくさそうに語ってくれた内容の一部を遺言の付言とされたのです。

　葬儀を終えた1週間後，私は預かっていた遺言書の内容を伝えるためにご自宅を訪問しました。相続人は奥様，長男（事業後継者），二男（亡父と長年不仲）です。遺言書を読もうとしたところ二男は「興味ないから」と私に背を向けて聞こうとしませんでした。

　しかし，本文を読み終え，この付言に差し掛かった3行目には背を向けていた二男の肩が揺れていました。泣いていたのです。私がご自宅を去るときに，「親父には参りました。ありがとうございました」と笑顔で送ってくれた二男の顔が印象に残っています。遺言執行手続きも無事に終わりました。

　遺言書の財産分けの報告は二男にとってはとても冷たい内容のものです。だからこそ，**付言でハートを込めて温かい贈り物にしてあげてください。**今不仲でも掛け値なしに可愛いときがあったはずです。「事情があって配分は偏るが，愛情には差がないんだ」ということが伝わるようにです。

2　財産のストーリー

付言例❷

子どもたちへ，

　結婚を機に夫婦2人だけで小さな運送屋を始めました。そこそこ仕事も順調で，5，6年のうちに従業員を5人雇えるようになりました。

　そんな矢先，お父さん（夫）とある従業員とのいさかいが原因で従業員全員が辞めてしまったため，ドライバーはお父さん1人だけになってしまいました。でもお父さんはすごかったです。弱音なんか一切吐かずに「この人いつ寝てるんだろう？」と思うぐらい毎日早朝から深夜まで寝る間も惜しんで働いてくれました。でもやっぱり無理がたたったせいで，半年後，食事中に突然倒れ，くも膜下出血で亡くなりました。

　さあ困りました。あんたたち幼子3人抱えてるんだもの。でも悲しんだり悩んだりする暇もなかったです。お父さんの告別式が終わってすぐ，自動車学校に電話してペーパードライバー講習の申込みをしました。結婚当時に一応大型免許だけ取ってありましたが，長年運転していなかったですから。

　おばあちゃんにあんたたち3人を預けながら必死の毎日でした。取引先には別の業者に変えられないように「これからは私が責任を持って配送しますから引き続き宜しくお願いします！」と一軒一軒頭を下げて回りました。「奥さん運転できるの？　本当に大丈夫？」と訊かれたときは「全然大丈夫です！」と胸を叩きながら即答しましたが，もちろん本

音は不安しかなかったです。顔も引きつっていたかもしれません。

　でも不安とか怖いなんて言ってられませんでした。あんたたちの写真をトラックのダッシュボードに貼って，近場の宅配の荷物1個から何百キロも離れた長距離までなんでも受けて，来る日も来る日も馬車馬のように働きました。高速道路を走行中に衝突事故に巻き込まれそうになったことも数知れず。怖い事故も何度も目のあたりにしました。

　でもおかげさまで何とか曲がりなりにもあんたたちを大学に行かせることができましたし，少ないですが遺せる貯金もできました。どうか大事に使ってください。

　遺言者のAさんは「子どもたちに貯金を均等に遺したい」ということでしたので，「お子さんたちに何か伝えたいメッセージはありますか？」と尋ねたところ「子どもたちには直接言ったことはないんですが」と話してくれた内容が上記の付言です。

　この「財産のストーリー」を通して，子どもたちは相続する貯金が，実は母親が大変な思いをして貯めたお金だったことを知らされます。もし皆さんがお子さんの立場でしたら，このお金をムダ使いできますでしょうか？

　全部が全部そうだとは言いませんが相続財産は受け取る側からすれば，「棚からぼたもち」のいわば「あぶく銭」と言えるでしょう。人間一度でも，あぶく銭の味を知ってしまったら危険です。分不相応なお金を相続したせいで，まじめに働くのが馬鹿らしくなり会社を辞めて夜の街に入り浸るようになり，浪費・散財を繰り返し，果ては借金地獄で自己破産，そして一家離散……。実際そういう相続人を私は知っています。

　「あぶく銭」とはよく言ったもので，自分が汗水たらして働いて得たお

金ではないから軽いのです。あぶく銭はまるで羽が付いているかのように
フワフワとすぐ飛んでいってしまいます。

　飛ばないためには重石が必要です。それが財産のストーリーです。散財
するのはその財産の重みを感じていないからです。相続を美味しいと思わ
せない。ぜひ心して相続するように付言で伝えてください。

　「相続」という漢字を「想続」に変えてほしいぐらいです。相続は心を
込めた思いを次の世代につなげるものです。けっして財産だけをつなげる
ものではありません。

【図表20】　相続は想いを次世代につなげるもの

3　事業後継者へのエール

付言例❸

> 子どもたちへ,
>
> 　会社の後継者（代表取締役社長）として○○（長男）を指定します。○○（長男）は私の片腕として既に10年以上努力を重ねており, 後継者として必要な経営手腕, 会社内外からの人望とも十分に備えている。○○（長男）は大いにその力を振るい, 会社を守り発展させてください。もちろんさらなる努力精進を忘れないこと。そして○○（二男）は弟ではあるが兄貴より多くの苦労を経験している。ぜひ腕利きの参謀黒田官兵衛となって兄貴を助け, 会社を盛り立ててください。

　事業承継に不可欠な「自社株の承継」と「社長（代表取締役）の交代」は, 経営者の生前中に済ませるのが理想です。ただ, それが難しい場合は遺言書を使いましょう。自社株は遺言書の本文にて後継者に相続させるよう記載してください（第4章**7**参考）。

　一方「社長（代表取締役）の交代」についてはたとえ遺言書の本文で次期後継者を指定しても法的効力が及びません。実際, 代表取締役の交代は株主総会や取締役会の決議等が必要になります。

　ただ, 遺言書の付言には書いておくことをお勧めします。特に兄弟の共同経営は幼き頃からのライバル心もあり, 後継者争いのリスクが少なくあ

りません。先代（父親）はどっちを推していたのかということを伝えることが大事です。もしこれが伝わっていない場合，いくら長男が会社の支配権である自社株を過半数以上取得できた場合も油断できません。

長男「オレが社長になるから」

二男「いや，親父は生前にオレに継がせると言ってたぞ！」

長男「オレは聞いてないよ。だって自社株をオレにきちんと承継してくれたんだから」

二男「わかったよ。もう俺は知らん！　勝手にやってくれ！」

とモメる元にもなりかねません。なにより二男のモチベーションが下がって社業に非協力的になるのは避けねばなりません。

　付言例❸のように遺言書に理由付きで後継者を指定し，なおかつ，お互いの立ち位置（「舵取り役は長男，二男はそれを支える参謀役」）も明確になるように書いてあげましょう。

　とにかくその遺言書を見た二男が「親父の言うことならしょうがないな」と納得しやすくなるような内容で書くことを心掛けましょう。

4　自分のやってほしいこと

付言例❹

> ○○（妻）と○○（娘）に１つだけお願いがあります。実は今，私がいつも使っている愛用の万年筆で遺言書を書いていますが，私が亡くなったらこの万年筆をリハビリでお世話になった甲クリニックの○○さんに渡してほしいんです。
>
> 彼には本当に献身的なサポートをしてもらいました。感謝してもしきれないぐらいです。○○さんが「素敵な万年筆ですね」とほめてくれたこともうれしくて。とにかくこの万年筆はすごく書きやすいから○○さんも絶対気に入って使ってくれるはずです。

当然ですが，相続手続き支援を依頼される方々は大切な家族を失っています。

私は「一級グリーフケアアドバイザー」としての知見も生かしながら日々，そうした方々の遺言書作成のお手伝いに勤しんでいます。グリーフとは死別の悲しみです。グリーフからの立ち直りには特効薬はなく，日にち薬（時間）が必要です。

その立ち直りのために欠かせない大事な行動を喪の作業（グリーフワーク）といいます。亡くなった人がいない生活に徐々に慣れていく，受け入れていく大事なステップです。

たとえばお葬式，お墓参り，法事法要はもちろんですが，「故人の希望

を叶える」ことも大事なグリーフワークです。「故人の遺志に沿うことができた」「希望をかなえてあげられた」この体験がグリーフからの立ち直りの大きな助けになります。

　付言例❹の奥さんと娘さんは面談時，いつも控えめで物静かな感じのするお二人でした。しかし，遺言執行終了の報告のためご自宅に伺った際，遺言書の付言どおりにお二人が甲クリニックの○○さんに無事，万年筆を渡したときの様子をお話されたときは，饒舌で声のトーンが高く，ときに笑みを浮かべていらっしゃいました。

娘　「でもよかったね，無事○○さんに渡すことができて」
妻　「そうだね。すぐ胸ポケットに差してくれて直立不動で『使わせて頂きます！』って（笑）本当に喜んでくれたみたいでうれしかったね」

　明らかにいつものお二人の表情とはちがって見えました。亡き夫（父）の願いを叶えてあげられたことが，グリーフから立ち直る大事な一歩になったのだと確信しました。
　これ以来私は，遺言者さんには自分が亡くなったときに家族にやってほしいことを付言に書くようにお勧めしています。

5　感謝のメッセージやエール

付言例❺

妻○○へ，

　私は深い縁に導かれてお前と結婚しました。しかしながら，およそ頼りがいのある夫とはいえず，来る日も来る日も苦労ばかりかけてしまってごめんね。本当に感謝の一言で言い表せません。

○○（娘）と○○（息子）へ，

　よくぞ我が家に生まれてきてくれたね。お前たちは私の心の支えだったよ。お父さんはお前たちのことが何より自慢だったんだ。健康でスクスク元気に育ってくれてうれしいよ。でもその陰にはお母さんの献身的な愛情があったことを忘れないようにね。いつまでもいつまでも姉弟仲良くして，くれぐれもお母さんを悲しませるようなことはしないで，しっかりと親孝行してください。また，分かっていると思うが，相続の権利を主張することなどしないで自分の足でしっかり生きていくんだぞ。

最後になりました。○○（妻），○○（娘），○○（息子）

　お前たちと過ごした時間は夢のように楽しくて決して忘れることなんてできません。

　本当にありがとう。

　お父さんはいつもお前たちを見守っているからね。

父より

【図表21】　私の遺言

正本

(1)

```
平成　20　年　第　169　号

            遺　言　公　正　証　書

  本職は，遺言者　佐　山　和　弘　の嘱託によ
り，後記証人の立会をもって，次のとおり遺言者の遺
言の趣旨の口述を筆記してこの証書を作成する。
第1条　遺言者は，その所有する全ての財産を，妻
  　　　　（昭和　　年4月24日生）に相続させる。
第2条　遺言者は，本遺言の執行者として妻　　を指
  定する。

  　執行者は，遺言者名義の不動産，預貯金，有価証
券その他の債権等のすべてについて，遺言執行者の
名において名義変更，解約等の手続をし，また貸金
庫を開披し，その内容物の収受等を行い，本遺言を
執行するため必要な一切の権限を有するものとする。

（付言事項）
妻　　　へ
  私は深い縁に導かれてお前と結婚しました。しか
しながら，およそ頼りがいのある夫とはいえず，来
る日も来る日も苦労ばかりかけてしまってごめんね。
  本当に感謝の一言で言い表せません。

                              公　証　人　役　場
```

　気恥ずかしい内容ですが，私自身の付言です。2008年5月の行政書士事務所開業目前の4月，41歳のときに公正証書遺言を作りました。

　付言は前職の寿司屋時代に大変な苦労をかけた妻への感謝の気持ちや子どもたちへのエールを伝える内容です。

　プチ自慢になりますが，公証人が「素晴らしい付言ですね！　感動しました」とほめてくださいました。ちなみに本文は「すべての財産を妻に相続させる」内容です。現在，開業から16年（57歳）が経ちました。

　実は妻には内緒ですが，そろそろこの遺言書を撤回して作り直すことを考えています。付言についてはほぼ変わりませんが，2人の子どもが成人したこともあり，財産は少ないですが，子どもたちにも少し財産を遺す内容にするつもりです。

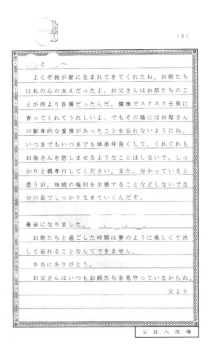

　　公正証書遺言を作る場合，公証人は遺言書の一言一句すべてを遺言者と立会証人に読み聞かせる必要があります（民法969条）。その際，立会証人はもちろん，公証役場が狭ければ事務員さんにも聞こえます。

　　かつて遺言作成のお手伝いをさせて頂いたＢさんの付言は奥さんへの愛する気持ちを存分に載せる内容でした。「愛してる」「大好きだ」という文言が何回も出て来ます。

　　作成当日は幸か不幸かいつもの公証人が病欠のため代理の公証人でした。非常に声の大きい公証人で，公証役場中に響き渡るような声で読み聞かせが終わりました。と同時に「佐山さん，付言も読み上げるなんて聞いてないですよ〜（笑）」とＢさんから照れ笑いを浮かべながら言われたことが思い出されます。

6　使い道の希望

付言例❻

○○財団さんへ，

　数年前，私の大好きだった父がガンで亡くなりました。10歳の時に母を亡くして以来，男手一つで私を大学院まで行かせて育ててくれました。

　母の最期のときみたいに最後まで七転八倒の痛みで苦しませることはしたくなかったのでホスピスに入ってもらいました。どこに申し込んでも順番待ちでなかなか入れなかったのですが，運よく○○病院が空いたので入ることができました。それが想像以上に素晴らしくて先生，看護師さん，ヘルパーさん他すべての人たちが天使に見えるぐらいでした。

　おかげで父だけでなく私たち家族まで癒されながら最期までの時間を過ごすことができました。でもホスピスの数が圧倒的に少ないようです。大した金額ではありませんが，どうか緩和ケアを望む人が1人でも多く，かつ，早くホスピスに入れるようなそんな活動に使ってほしいです。

　遺贈寄付をする場合，寄付をした財産の使い道の希望，その思いに至った理由や背景等を付言に書いて寄付先に伝えておきましょう。希望がより叶いやすくなります。

　また，遺贈寄付に限らず，家族に財産を遺す場合も使い道の希望があれば付言に書くとよいですね。かつて「○○（息子）へ，その預金の中から少し○○さん（嫁）にも渡してくれるとうれしいです」と書いた人もいま

した。

　もし，希望以上に「絶対○○のために使ってほしい！」という強い思いがある場合は，付言ではなく，遺言書の本文に書く「負担付き遺贈（遺言）」にしてはいかがでしょうか。負担に付ける使い道に法的効力を持たせることができます。

　もちろん，その場合は事前にその旨を寄付先に確認してください。確認せずに負担付き遺贈として書いた場合，遺言執行時に，もし，負担が履行できそうにない（＝指定の使い道では使えない）と判断された場合，遺贈を放棄されてしまうからです。

　なお，建物付き不動産をそのままの状態で遺贈したい場合，遺贈先に断られるケースが少なくありません。そのため，たとえば古い自宅を遺贈したい場合は第7章9の清算型遺言（遺贈）という方法で遺言執行者を通じて売却換価したお金を遺贈すると受けてもらいやすくなります。

7　賃貸不動産の後継者へ

付言例❼

○○（長男）へ，

　遺産相続にあたり，当初は賃貸物件において甲，乙，丙，丁の4物件について子どもたちに1棟ずつ分けることも考えました。しかし，築年数がどれも30年以上経っており，1棟ずつの収益をもって修繕を行うのは非常に困難です。実情は4棟を合わせた収益をかき集め，何とか大規模修繕等，借入金の返済に充てています。このような事情もあり，賃貸物件はすべて○○（長男）に継いでもらうことにしました。賃貸経営は大変な仕事ですが，わからないことは長年来，賃貸管理でお世話になっている管理会社○○○○の○○さんに何でも相談してください。

　ただ，もちろん管理会社におんぶにだっこだけでは賃貸経営はとても務まりません。○○（長男）自身で考え，決断を求められることが次から次へとやってきますので日々の勉強を欠かさないようにしてください。新しい賃貸マンションも続々進出しています。空室対策，定期的にめぐってくる大修繕，そして資金捻出のため金策に走ったり等々，頭を悩ますことばかりです。

　また，何より多額の借入金債務を○○（長男）1人に背負わせることについては心苦しく思っています。きちんと返済していけるかどうか等心配を上げたらきりがありません。借入金債務は相続税の控除にはできますが，遺す預貯金の多くは借入金の残債務，納税，大規模修繕費等の

賃貸経営関係費用に充てざるをえないと思います。

　なお，○○（長男）には何百年も続く○○家の後継ぎとしてご先祖様や仏様を守ってもらうことになります。冠婚葬祭，ご近所づきあい等々も含め，お世話をかけますが，宜しくお願いします。

　皆さん，この付言を読んでどんな印象を持ちましたでしょうか？

　賃貸経営の後継者である長男は大変な重責を背負うことが伝わってきたのではないでしょうか。

　この付言では賃貸経営の大変さを後継者の長男へ向けて伝えているのはもちろんですが，実は他の相続人にも伝えているのです。

　どうしても後継者には大事な商売道具である賃貸不動産等を他の相続人より多く相続させることになります。ともすれば「お兄ちゃんばかりずるいよ」「兄貴はおいしいよなあ。家賃収入でホクホクじゃん」と勘違いされる場合もあります。

　だからこそ，賃貸経営の大変さ，家賃収入を得るための努力を付言で伝えてください。私の経験上，「賃貸経営って大変そうだね，私ではとても務まらない」「借り入れはあるし税金もすごそう」のように他の相続人が持つ不公平感を和らげる効果があります。とにかく後継者というものは美味しいどころか大変な重責を背負うんだということを付言に書いて伝えてください。

8　次の相続の希望

付言例❽

○○（長男へ），

　○○町の土地は○○家の先祖代々受け継がれてきた大事な土地です。売らずに○○（長男）が守ってください。そして，もし○○（長男）の亡き後は○○さん（嫁）には悪いが，直系になる孫○○君（長女夫婦の息子）に承継するように遺言書を作ってください。

　「先祖代々の土地は私が亡くなったら息子に相続させるが，その後息子が亡くなったときが心配。息子夫婦には子どもがいないため，大事な土地が嫁側に渡ってしまうおそれがある。それを避けるために息子が亡くなったときは直系の孫（娘夫婦の息子）が継げるように遺言書を書きたい」という相談をよく頂きます。

　たとえば「第1条　○○町の土地を長男に相続させる。第2条，その後に長男が亡くなったときは孫（長女の長男）に遺贈する」と遺言書本文に書いても第2条部分は無効になります。

　第1条により長男が土地を相続した時点でその土地は長男の物ですから，その後誰に相続させるかは長男だけが決められることだからです。法的効力はないですが，長男へのメッセージとして付言には書くことができます。

9　献体の希望

付言例❾

○○（妹）○○（弟）へ，

　○○会に献体登録（会員番号）をしています。連絡用カードが財布に入っています。私が亡くなったら至急，献体先の○○大学病院（電話番号）に連絡してください。葬儀は不要です。遺骨が返って来てから手を合わせてくれればそれでいいです。我が人生に悔いはありません。献体は私の強い遺志です。未来の医療に役立ててもらえるなら本望です。絶対断らないようにお願いします。遺骨は○○（甥）が引き取って永代供養にしてもらうようにお願いしてあります。○○（甥）は了承してくれました。

　献体は親族の1人でも反対があるとできません。たとえ本人の遺志とはいえ，親族にとって近親者の遺体が解剖されることに対する抵抗感があってもおかしくありません。

　献体は死後48時間以内に登録先に移送する必要があります。そのため，献体の遺志を遺言書の付言に書くだけでなく生前から自分の気持ちを親族に伝え，了解を得ておくことが大事です。

10　最期の医療の希望

付言例❿

> 　私が十分に意思表示できないときに備え，今ここに書き記します。も
> し私が終末期を迎えたら延命治療は一切お断りします。人工呼吸器も胃
> ろうも輸血もお断りします。緩和ケアでお願いします。とにかく最期は
> 苦しまずに安らかに逝かせてください。以上の気持ちは今後も一切変わ
> りません。

　もし自分が終末期を迎えたときに平穏死（延命治療は控え，自然なまま
に安らかな最期を迎えること）を望むのであれば口頭ではなく，紙に書い
た文書で家族に伝えておきましょう。

　「いちいち紙に書かなくても日ごろから『延命治療は勘弁してくれ』と
妻には話してあるよ」という人が少なくありません。

　ある大きな総合病院のパンフレットには「本人の意思表示が不明な場合
は，原則として標準的医療（生命の利益となる延命治療）を実施します。
自然で平穏な最期を望む場合は，本人の意思表示が必要です」とはっきり
書かれています。

　終末期は必ずしも本人が意思表示できる状態とは限りません。だからこ
そ，前もって紙に書いておくことが大事です。医師に伝える際も，奥さん
が口頭だけで「主人は平穏死を望んでいました」と伝えるよりも，本人の

書いた付言例のような文書を出したほうが，説得力の違いは明らかです。

　延命治療か平穏死かの最終的な判断は医師です。医師に平穏死の判断をしてもらいやすくするためにも，前もって本人が紙に書いておきましょう。

　なお，遺言書の内容を家族が見るのは基本的に亡くなった後です。そのため，最期の医療の希望がわかっても間に合いませんので，遺言書を書いたときに，付言の該当部分だけをコピーしたものに署名捺印をしたうえで，それをまわりに渡してみてはいかがでしょうか。コピーを取ってしまえば，もう遺言書は封印してもいいですし，自筆証書遺言であれば法務局に預けることもできます。

　また，最期の医療の希望は書いて机の引き出しにしまっておくものではありません。まわりに伝えて初めて意味があるものです。

　家族をはじめ，友人，かかりつけ医，介護施設にも渡しておきましょう。人間いつどこで倒れるかわかりません。財布，免許証ケース，カバンの中等にもしまっておきましょう。

　特におひとりさまの場合は隣近所に渡したり，冷蔵庫や浴室の脱衣所，寝室等の目立つところ数か所にも貼っておくとよいですね。もちろん，遺言書の付言に限らずエンディングノートやレポート用紙等でも構いません。とにかく最期の医療の希望があれば，紙に書いてまわりに渡しておくことが大事です。

11　葬儀の希望

付言例⓫

> 葬式は家族葬（70万円まで）にしてください。○○葬儀社で見積りを取りました。見積書は母さんが持っています。香典は遠慮してください。家族と県内の親戚だけ知らせてください。喪主は○○（長男）にお願いします。遺影写真は机の引き出しです。棺に家族写真を１枚入れてください。

　昨今，家族葬を希望する人が増えています。「葬儀にはあまりお金をかけさせたくないから」という理由の場合，単に「家族葬を希望します」と家族に伝えるだけでは不十分です。必ず，希望の葬儀費用も伝えてあげてください。

　「家族葬」といっても葬儀費用はピンキリです。おそらく家族葬を希望する人は葬儀費用が100万円を超えることは想定していないはずです。でも実際は100万円を超える家族葬はザラにあります。

　そこでまずは生前見積りを取ることをお勧めします。その際，葬儀屋さんに最低限伝えてほしいことが参列人数と予算です。たとえば「参列者は約15人，予算は70万円の家族葬で見積りをお願いします」と伝えれば葬儀屋さんは予算内でできるように工夫（祭壇，柩，食事等のランクを調整する等）して詳細な見積りを出してくれます。

　もちろん実際の請求額とドンピシャな金額とはいかないでしょうが，そ

の見積書を家族に渡しておけば葬儀屋さんを決める際の貴重な選択肢の1つになります。身内が亡くなった直後から葬儀までの短い時間の中で希望に沿う葬儀屋さんを0から探すのは大変です。

ところで皆さん，遺影にする写真は撮ってありますでしょうか？

ちなみに私はこの本の執筆時では57歳ですが，もう3年前に遺影用の写真は撮って，データを妻に渡してあります。身内が亡くなった瞬間から残された家族にはやらなければいけないことが次々と襲ってきます。

（写真） 私の遺影

なかでも葬儀の準備はバタバタしますから遺影にする写真をゆっくり選んでいる暇もないでしょう。とはいえ，参列する人は遺影を見てお焼香しますから，免許証の写真を伸ばしたような間に合わせの写真は避けたいものです。

以上のように葬儀に関する希望があれば付言に書いておきましょう。

葬儀は献体同様に亡くなってすぐのことですから，生前のうちに付言の該当部分のコピーやエンディングノート等を見せながら家族に伝えておくとよいですね。

12　仏事の希望（納骨や供養）

付言例⓬

○○さん（従妹）へ

　私の遺骨は○○霊園において合同祀で埋葬し，永代供養をしてください。また，私の両親の遺骨（○○寺）も同じ○○霊園の合同祀に改葬してください。それに伴い，両親のお墓は閉眼供養を行ったうえで撤去し，使用権を○○寺に返還してください。上記費用はあなたに遺贈するお金から払ってください。

　永代供養は生前に申し込んでおく（できたら費用も払う）と家族は助かります。それが難しい場合は自分が希望する霊園等のパンフレットだけでも何種類か家族に渡しておくとよいですね。

　いずれにしても納骨や供養の希望があれば付言に書いておきましょう。

13　ペットについて

付言例⓭

○○さん（友人）へ，

　うちの子（ロッキー）をもらってくれてありがとう。ロッキーについての情報を以下に書きます。

　かかる費用はあなたに遺贈するお金をあててください。

・ヨークシャテリア，オス，令和○年○月○日生，体重３キロ。

・インターホンが鳴ると激しく吠えますが，それ以外はあまり吠えません。噛みぐせはありません。

・散歩は朝晩１回ずつ，各10分位で大丈夫。大型犬を見ると興奮します。

・朝夕の散歩時に小便と大便をします。

・餌は基本的にドッグフード○○○○を朝晩各20ｇで十分だと思います。それ以上食べると下痢になりやすいです。

・○○生命のペット保険（証券番号）に入っています。保険料は1300円（月払い）です。

・かかりつけ医は○○○犬猫クリニック（電話番号）です。

　譲り受ける立場からみれば，ペットについての情報（健康状態，性格，飼育費用等）はあればあるほど助かります。買主亡き後に同居の家族がそのまま世話をする場合は心配ないですが，友人等の第三者に譲る場合は付言に書いておきましょう。もちろん生前のうちに伝えておくとよいですね。

14　その他（料理のレシピ，家族に内緒にしていたこと）

付言例⓮

○○君（孫）へ，

　今，憧れの１人暮らしをしていますか？　自分でも作れるように君の好きな豚の生姜焼きのレシピを書いておくからね。とても簡単です。

　①豚肉：100ｇ②醤油：大さじ１③みりん：小さじ１④砂糖：小さじ１⑤すりおろし生姜：10ｇ⑥サラダ油：小さじ１

以上，材料はこれだけです。調理方法は

１）②～⑤を混ぜておく。

２）薄切りに切った豚肉を１）とあえる。

３）豚肉が焦げないようにフライパン（中火）で両面を焼き，最後に１）と絡める。

以上です。いつも「おばあちゃんの生姜焼きは最高！」とほめてくれてありがとう。

　ちょうど社会人になっているころかな。大変だと思うけど，気張らずマイペースで頑張ってね。

　この付言例は料理上手な遺言者のＣさん（女性）が「どうしてもこのレシピを孫に伝えておきたいんです！」と見せてくれた古い手帳に書いてあるレシピがもとになっています。レシピの説明を聞いているうちに私のお腹がグーグー鳴ったのが思い出されます。このレシピもＣさんにとっては

大事な財産です。

付言例⓯

> 　驚かせてすまないが，実は私は前の結婚のときにできた息子が1人います。お母さん（妻）も知らないと思います。前妻とは息子が3歳のときに離婚しました。息子とはそれ以来会っていません。連絡先もわかりません。モメることはないと思いますが，念のため遺言書を作りました。

　遺言者のDさんは遺留分を考慮し，預金の一部を息子さんに相続させる条項を遺言書本文に書きました。そのうえで「息子のことも少しだけ触れておきたい」と書いたのが上記の付言です。

Dさん「家族は驚くかなぁ」

私　　「やはり驚くでしょうね。でもきちんと遺言書を作ったことは素晴らしいと思います。そこは胸張ってください！」

　私はDさんに力強く返しました。

15　短いメッセージ

付言例⑯

みんなありがとう♡　愛してる♪

Eさん「シンプルに書きましたけど，こんな感じでもいいですか？」
私　　「インパクトありますね～！　もちろん大丈夫です」
Eさん「これが一番家族に伝えたかった私の気持ちなんです」

　この女性の付言例は私が今まで見た中でも非常に印象に残っている付言の1つです。
　付言は短くても構いません。もちろん大きな字でもハートや音符を書いてもOKです。

付言例⑰

　別紙に伝えたいメッセージがありますので読んでくれたらうれしいです。

　この付言例は遺言書の本文（財産の配分）に書く内容は決まっているものの，付言はじっくり時間をかけて考えたい人にお勧めの書き方です。
　この先，我が身に何が起こるかわかりません。遺言書は書けるときに書

いておくことが大事です。せっかく本文が決まっているならなおさらです。まずは遺言書を完成させ，その後にゆっくり別紙に付言を書くとよいでしょう。

付言例⓲

○○（長男）へ，
　うちの会社は地域密着なんだから地元のお客さんを大切にすることを絶対忘れるな。

「付言は要らない」とおっしゃっていた会社経営者Ｆさんの唯一の付言です。Ｆさんがよく口にしていた「息子が他県の新規開拓ばかりに目が行ってる気がする」という言葉を思い出し，公正証書遺言作成日の前日に急きょ付言に載せることを勧めたものです。

　経営者さんの場合，社訓や経営理念を書く人もいます。付言には本人に直接言えないことはもちろん，言ってあることでも強調したいのであれば付言に書くことをお勧めします。直接言われるのとはまた違ったインパクトがあります。

16　NGな付言例（本文と矛盾する，悪口，遺留分侵害額請求について）

付言例⓳

> 遺言書では○○（長男）にあげるように書いたけど，私の本音は○○（長女）にもらってほしいです。今でも迷っています。自分たちで決めてもらってもいいぐらいです。お任せします。

　これはかえってモメてしまう最悪の付言です。自分たちで決めてもらうなら最初から遺言書は書かないほうがよいです。相続人同士で決めなくて済むようにするために遺言書を書くわけですから。

　仮に本文に「長男に○○を相続させる」と書いてあってもこの付言があるせいで手続き先の法務局や金融機関が長男への名義変更や払戻しを素直に認めるかどうかわからなくなってしまいます。

付言例⓴

> 親不孝者！　私もお父さん（夫）もあなたには失望しました。あのズボラな○○（嫁）の顔も見たくありません。なぜあなたが財産をもらえなかったかは自分の胸に訊いてみればわかるでしょう。

　遺言者Gさんは最初，上記の付言を考えていました。事情をお聞きするとたしかにお気持ちはわからないでもありませんでした。ただ，この付言を見たときの息子夫婦の気持ちはどうでしょうか。

　当然彼らの言い分もあるはずです。「逆切れで遺留分侵害額請求の可能性が高まります。公証人もこの付言はOKしないでしょう」と説得してこの付言は削除することになりました。

　たとえ事実であったとしても付言にはネガティブな言葉は避けたほうが無難です。付言は相手を責めたり糾弾したりする場ではありません。

付言例㉑

> くれぐれも遺留分侵害額請求はしないでください。

　上記の付言も私はお勧めしません。遺留分侵害額請求をしようと思っていた人がこの付言を見たことでその請求を思いとどまることは，はたしてどのくらいあるのでしょうか。

　遺留分侵害額請求という言葉を知っている人もいれば知らない人もいます。

　後者の場合，「（亡き父の付言を見ながら）えっ？　遺留分侵害額請求って何だろう？　調べてみよう。（その後）ふ～んこういう権利があるとは知らなかった。私も請求できるんだね。どうしようかなぁ」とかえって寝てる子を起こしかねないことにご注意ください。

第9章

書いた後も大事！
遺言書を書いた後の注意点

Ⅰ　封印する前に，遺言書の内容を チェックリストで確認する

　遺言書は書いた後も大事です。遺言書を封印する前にまず次の「自筆証書遺言チェックリスト（内容面）」を使って，内容を確認しましょう！

　ＯＫの場合は□にチェック☑を入れてください。ちなみにこのチェックリストは私が実際に業務で使用しているものです。

□共有名義の不動産が漏れていませんか？

□未登記家屋が漏れていませんか？

□私道（公衆用道路）が漏れていませんか？

□固定資産税がかからない遠隔地の山林や原野等が漏れていませんか？

□預貯金等がある場合，金融機関名や支店名は書きましたか？

□口座番号の記載が必要な場合，正しく書きましたか？

□積立式の火災保険を掛けている場合，誰に承継させるか書きましたか？

□自社株がある場合，後継者に遺すように書きましたか？

□農地がある場合，農業後継者に遺すように書きましたか？

□賃貸不動産がある場合，賃貸管理をする後継者に遺すように書きましたか？

□債務（借金）がある場合，誰に負担させるか書きましたか？

□財産の漏れに備える文「本遺言書に記載のない財産は○○に相続させる」は書きましたか？

□遺贈（寄付）をする場合，受遺者の同意を得ていますか？

□負担や条件を付ける場合，付ける相手の同意を得ていますか？

□遺留分や相続税は考慮しましたか？

□遺言執行者を指定しましたか？

□遺言執行者（相続人以外の場合）指定の同意を得ていますか？

□遺言執行者の権限は書きましたか？

□遺言執行者（相続人以外の場合）の報酬は書きましたか？

□予備的条項（遺す相手が先に亡くなった場合等に備える）は書きましたか？（必要な場合）

□付言は書きましたか？

2　遺言書を封印する前に，遺言書の形式面をチェックリストで確認する

　そして封印する前に，もう1つ確認してほしいことがあります。それは形式面の確認です。次の「自筆証書遺言チェックリスト（形式面）」を使って，形式面を確認しましょう！

　ＯＫの場合は□にチェック☑を入れてください。

□全部自筆で書きましたか？

□消えないペンで書きましたか？

□タイトルは「遺言書」もしくは「遺言状」と書きましたか？

□日付（年月日）は書きましたか？

□遺言者の氏名は書きましたか？

□遺言者の住所は書きましたか？

□印鑑は押しましたか？（シャチハタ印は✖）

□実印を押す場合，印鑑登録証明書は添付しましたか？

□財産目録を添付する場合，目録各ページに署名捺印はしましたか？

□相続人の続柄は書きましたか？

□身内以外に遺贈する場合，受遺者の氏名，住所，生年月日は書きましたか？

□相続人に遺す場合，文末は「相続させる」と書きましたか？
（「譲る」，「渡す」，「譲渡する」はいずれも✖）
□相続人以外に遺す場合，文末は「遺贈する」と書きましたか？
□誤字脱字は民法どおり訂正しましたか？
□法務局に保管する場合，余白は規定どおりに空けてあります
か？
□遺言書の控えとしてコピーはとりましたか？
□ホッチキスで綴じましたか？（法務局に保管する場合は不要）
□契印（割印）は押しましたか？（法務局に保管する場合は不
要）

以下，封筒に入れる場合（法務局に保管する場合は封筒不要）

□封筒のオモテに「遺言書」もしくは「遺言状」と書きました
か？
□封筒に遺言者の氏名は書きましたか？
□封筒に開封厳禁云々などの留意事項は書きましたか？
□封印しましたか？

以上です。

もし遺言書の形式面や内容の誤りに気づいたり，書き直したい点が出て
きたら，民法どおりに訂正するか，最初から新しく書き直すことになりま
すが，訂正箇所が複数ある場合は後者のほうがよいでしょう。
なお，遺言書を封筒に入れなくても効力には影響がありません。もし家
族に中身を見られたくない場合は，封筒に入れ，糊付けして封印すること

をお勧めします。

　また，封筒には遺言書が入っていることを知らせるために「遺言書在中」と書き，誰の遺言書かがわかるように「氏名」も書きましょう。さらに「留意事項」も書くとよいでしょう。

　留意事項というのはたとえば「封を開けずに家裁の検認申立てをしてください。勝手に開けると過料5万円を処せられることもあります」，「遺言書を勝手に破棄したり，隠したりすると相続権を失うだけでなく刑事罰を科せられます」というような注意喚起の文章です。

　ちなみに封筒に何も書かなくても遺言書自体の効力に影響はありません。

【図表22】　封筒の書き方

オモテ	ウラ

オモテ：

遺言書在中

ウラ：

印

開封厳禁！　開けずに家裁で検認を受けること。勝手に開けると過料が科せられます。尚、遺言書を勝手に破棄したり、隠したりすると相続権を失うだけでなく刑事罰が科せられます。

令和〇年〇月〇日
遺言者　日本太郎

　一方，法務局に保管する場合は，遺言書をスキャナーで読み取るため，封筒は不要です。ホッチキスも契印も同様です。

　さて，確認等が終わり，無事遺言書が完成しましたら，ここでもう一手間かけることをお勧めします。それは万全を期すために専門家（弁護士，行政書士，司法書士等）に内容をチェックしてもらうことです。これによって，あなたの書いた遺言書は確実にその役割を果たすことができます。

3　法務局に保管する際のメリットと盲点

　2020年7月10日から始まった「自筆証書遺言書保管制度」により，自分で書いた遺言書を法務局に保管することができるようになりました。保管手数料は1通3,900円です。

【図表23】　自筆証書遺言書保管制度の概要
　本制度の概要は以下のとおりです。

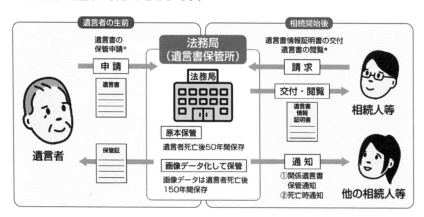

（出典）「遺言書保管申請ガイドブックP6　法務省民事局」guidebook_r3.pdf（moj.go.jp）

自筆証書遺言保管制度の主なメリットには，

① 　紛失や相続人等による改ざん，破棄，隠匿を防げること
② 　法務局が形式面をチェックするため外形的な誤記により無効になるのを防げること
③ 　家裁の検認が不要になり，手続きがその分スピーディーになること
④ 　遺言者が亡くなると「遺言書が保管されている」旨が法務局から指定していた相続人等に通知されること（指定者通知制度）

があります。

　ただ，本制度の利用にあたっては，盲点もあります。それは「法務局が遺言書の内容までチェックしてくれる！」と誤解されている人が少なくないことです。法務局がチェックするのはあくまで民法968条に基づいて書かれているか否かの形式面のみです。

　すなわち，本制度で保管される遺言書は，遺言者が全文を自分で書いたか，氏名，日付，押印，財産目録の添付方法，訂正の仕方等がきちんとなされているかの審査をクリアしたということにすぎません。もちろんそれだけでも助かりますが，肝心要の遺言書の内容についてはチェックしてくれないのです。

　たとえば，「預金はすべて長男と次男に相続させる」という遺言書を見た場合，我々専門家でしたら

　「預金の配分が書いてないですね。このままですと兄弟で話し合いが必要になってしまいます。どのような配分にしますか？」と遺言者さんに確認するでしょう。でも法務局はスルーです。遺言書の内容にはノータッチです。遺言書の書き方も教えてくれません。遺留分や相続税を考慮した気の利く分割方法のアドバイスもありません。

　とはいえ法務局に預ける保管制度は自分で保管する以上のメリットが多くあります。そのメリットは前述の①〜④などです。特に④の指定者通知制度は公正証書遺言にもない画期的な制度です。

　本書でお伝えした遺言書の書き方例やチェックリスト等を参考に，きちんとした内容の遺言書を書いたうえで，自筆証書遺言書保管制度を利用することをお勧めします。

4 自筆の遺言書を法務局以外で保管する場合の「良い場所，悪い場所」

せっかくきちんと書いた遺言書も保管で失敗すると台無しです。遺言書の保管でNGな場所は2つあります。

① 貸金庫

金融機関は貸金庫の契約者が亡くなったことを知ると貸金庫を凍結します。

開けるためには原則相続人全員の同意（同意書に署名捺印）が必要です。その際，全員の立ち合いを求める金融機関もあります。相続人のうち1人でも同意が得られない場合は貸金庫を開けることができません。

自筆証書遺言の原本はその1通しかありませんので貸金庫に保管してしまった場合，貸金庫を開けるまでは家裁の検認をはじめ，遺言書による相続手続きが何も進みません。

たとえその自筆証書遺言書中に「貸金庫開披の権限を遺言執行者に与える」条項が書いてあったとしても肝心要のその遺言書が貸金庫の中にあって金融機関に見せることができなければどうしようもありません。

なお，公証人立ち会いの下，事実実験公正証書という書類を作成し貸金庫を開ける方法があります。これであれば相続人の署名捺印については全員ではなく，依頼する1人だけで済みます。ただ，この方法は，費用もかかるうえに，なにより肝心の金融機関の同意を得ることが大前提です。

②　遺言書の内容に不満を持つであろう家族

②は一番避けてほしい保管場所です。遺言書を勝手に見られて「この遺言書さえなかったら……」と握りつぶされる心配がないとはいえません。特に自筆証書遺言ですと公正証書遺言と違って謄本がありません。破棄や隠匿されたらアウトです。

遺言書を預かってくれる人を決める場合は，遺言内容を見られるのを前提に「はたして○○に預けて大丈夫か？」と考えたうえで決めてください。

ではどこに預けるのがよいのかお勧めの場所が2つあります。

●遺言執行者

遺言執行者は文字どおりその遺言を執行する人です。なお，遺言執行者を親族以外（例：弁護士，行政書士等の士業）の人に指定している場合は，自分が亡くなったことを遺言執行者に伝えてくれる人を必ず決めて，そのことをお願いしておいてください。

●遺言書の内容に不満を持たないであろう家族

一番お勧めな保管場所です。何より握りつぶされる心配がないですし，家族ですから，遺言者さんが亡くなったことを誰かに伝えてもらう必要がありません。

5　公正証書にしてみる

　自筆で書いた遺言書をもとに公証役場で公正証書遺言を作成してもらうのはいかがでしょうか？

　公正証書遺言の主なメリットには，

①　原本が公証役場に保管されるため紛失や相続人等による改ざん，破棄，隠匿を防ぐことができる

②　法律の専門家である公証人が遺言者の意思に基づき，遺言書の形式面だけでなく内容も精査して作成するため，法律的に見て間違いのないきちんとした内容の遺言書ができる

③　自筆証書遺言のように遺言者が亡くなった後，相続人等が家裁の検認手続きや法務局にて遺言書情報証明書を取得する必要がないため，遺言の内容を速やかに実現することができる

④　病気で公証役場に来られない人は公証人が自宅や病院等まで出張して遺言書を作ることができる

といったことがあります。

　とりわけ②～④は自筆証書遺言にはないメリットです。

　まずはお近くの公証役場に電話して相談（無料）の予約を取ってください。相談当日，公証人に自筆で書いた封印前の遺言書を見せながら「これをもとに公正証書遺言を作ってほしいんです」と伝えてください。それを

たたき台に公証人があらためて遺言者さんの意思や希望内容を確認しながら公正証書を作成してくれます。自筆証書遺言に遺言者さんの考えがまとまっているため，公証人としてもゼロからヒアリングをしなくて済むのでスムーズに公正証書遺言を作成することができます。

　とはいえ，作成期間については内容にもよりますが，1か月くらいは見ておいたほうがよいでしょう。最初の相談を含めますと計3〜5回は公証役場に行くことになります。

【図表24】　遺言書作成当日の公証役場

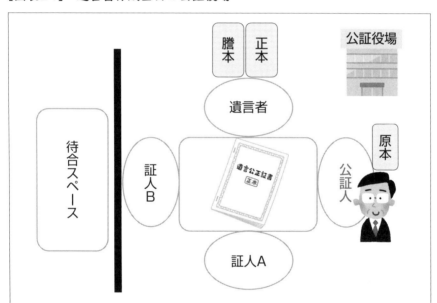

- 全国どこの公証役場でも作ることができます。ただし，公証人の出張作成は管轄あり。
- 原本は公証役場が保管し，遺言者は正本と謄本を受け取って帰ります。
- 作成当日の所要時間は30分ぐらいです。
- 相続人になる人は同席できないため待合スペース等で待ちます。

　なお，本番当日に立ち会う証人2名が必要です。相続人にあたる人はなれません。友人・知人でも構いませんが，口の堅い人がよいでしょう。

　もし適当な人がいなければ公証役場が証人を手配してくれます。その証人に支払う手数料は1人あたり5,000円〜15,000円程度（公証役場による）です。

【図表25】　公証人手数料（公証人手数料令第9条別表）

目的の価額	手数料
100万円以下	5,000円
100万円を超え200万円以下	7,000円
200万円を超え500万円以下	11,000円
500万円を超え1,000万円以下	17,000円
1,000万円を超え3,000万円以下	23,000円
3,000万円を超え5,000万円以下	29,000円
5,000万円を超え1億円以下	43,000円
1億円を超え3億円以下	4万3,000円に超過額5,000万円までごとに1万3,000円を加算した額
3億円を超え10億円以下	9万5,000円に超過額5,000万円までごとに1万1,000円を加算した額
10億円を超える場合	24万9,000円に超過額5,000万円までごとに8,000円を加算した額

6　遺言執行の流れを（遺言執行者に指定した）家族に説明しておく

　遺言書があるだけでは何も進みません。その内容を遺言執行者が実現させて初めて遺言書を残した意味があります。

　遺言執行がスムーズにいくいかないは，遺言執行者の動き1つにかかっています。遺言執行者に指定された家族が戸惑わないように遺言執行者のやるべきことをあらかじめ伝えておきましょう。基本的な遺言執行の流れは下記のとおりです。

❶遺言者の出生〜死亡までの戸籍（除籍）謄本，相続人全員の戸籍謄本と住民票の取得

❷遺言書の検認（家裁）or 遺言書情報証明書の取得（法務局）

❸遺言書の内容を相続人全員に通知

❹相続財産を調べて財産目録を作り相続人全員に交付

❺相続財産の払戻し（預貯金等）や名義変更（不動産等）

❻終了後，相続人全員に遺言執行終了の通知及び執行内容の報告

　いかがでしょうか。意外にやるべきことが多いと感じたのではないでしょうか。

　ちなみに❶の戸籍類は❷を行うために必ず取得しなければならない書類です。子どもはいないが兄弟のいる遺言者さんの場合は亡き両親の除籍謄本類も必要になる等相続人の構成次第では必要な書類が増えます。

　上記の遺言執行の流れとやるべきことをぜひ家族（遺言執行者に指定した）に伝えてあげおいてください。遺言書があるからといっていきなり払戻しや名義変更ができるわけではありません。

　とりわけ❸❹❻は法的義務がありますので履行しない場合，他の相続人から債務不履行を問われることになりかねません。

　また，遺言執行者の負担を少しでも減らせるように今のうちから遺言者さんができることはやっておくことをお勧めします。

　たとえば❶はご自分の出生から現在までの除籍謄本だけでもよいので取っておく，❷は家裁や法務局の連絡先を伝えておく，❹は財産リストを作っておく，❺は通帳，キャッシュカード，権利証等をわかるようにしておく。これだけやってあるだけでも，ずいぶん遺言執行者は助かります。

　さらに家族（遺言執行者に指定した）に伝えておくとよいことがあります。それは次の２つです。

　　１）自分では遺言執行できないと思ったら第三者（例：士業等の専門
　　　　家）に任せることもできること
　　２）弁護士から遺留分侵害額請求をされたときは，自分では対応せず，
　　　　弁護士を依頼したほうが無難なこと

　こうすることで，遺言執行者の負担はさらに減らすことができるでしょう。

7　遺留分放棄を頼んでみる

　ここでいう遺留分放棄というのは相続放棄ではなく，生前中に家裁の許可を得て相続人自らが遺留分を放棄することです。ただ，この制度はあまり利用されていません。やはり遺留分を放棄する側が家裁に申立てをする必要があることがネックでしょう。

　遺留分を放棄するというなんの得もないことを自分で家裁に申立てをしなくてはならないのです。喜んでやる人は少ないでしょう。

　遺留分放棄をお願いする側もそれがわかりますから，そもそも話を持っていきにくいのです。「遺留分を放棄してほしいんだけどいいかな。プラスして家裁の申立てもやってほしいんだけど」そんな虫のいい話は言いづらくてとても持っていけないでしょう。これまでに私が提案したケースでも二の足を踏む方のほうが多かったです。

　また，家裁が遺留分放棄の許可を出すハードルも高いです。家裁の判断要素の1つが，遺留分放棄をする人がきちんと見返りをもらっているかどうかです。見返りがなければ「無理やり力関係で放棄させられているんじゃないかな？」と疑うわけです。

　公正証書遺言を作成したAさんの遺言内容は，再婚相手の病弱な奥さん（Bさん）にAさんとBさんが住む自宅を含めた全財産を遺すというものでした。ただ，Aさんが心配なのは，前妻との間にできた子ども2人（姉妹）の遺留分です。Aさんと娘たちとの関係は良好ではありましたが，相

続となれば別です。

　そこで私が遺留分放棄という制度を勧めたところ，Ａさんのお答えは「ダメ元で娘たちにお願いしてみます」でした。早速，申立て書類作成のため司法書士を紹介しました。

　その後，負担付き贈与契約書（見返りとしてお金を贈与するが，遺留分放棄の許可が下りなかったら約定書「遺留分は請求しない」を交わすこと）を持って子ども２人と協議に臨んだＡさん。結果は「お父さんは養育費も払ってくれたし何も不満はないよ。もちろん遺留分放棄の申立ては協力します」と娘たちが快諾してくれて，後日，家裁から無事に遺留分放棄の許可が出ました。

　ＢさんにとってはたとえＡさんから「遺留分を要求するような子たちじゃない」と自信を持って言われていたとしても，心配だったはずです。でももうこれで安心です。

　なお，遺留分放棄は必ず遺言書とセットで進めてください。せっかく遺留分放棄の許可が出たのに，遺言書を書かずに亡くなったら，結局遺産分割協議が必要です。あくまで放棄したのは遺留分だけで相続分は放棄したことにはならないからです。

　遺言書で特定の相続人に財産を多く遺さざるをえない方の場合で，もし他の相続人との関係が良いのであれば，遺留分放棄をお願いするチャンスです。

8　メッセージを動画で遺す

　昨今，終活の一環として家族へのメッセージをビデオレターにして遺すサービスをする会社が増えています。

　ビデオレターをお葬式で流すサービスのある葬儀会社もあります。本格的なスタジオでプロのカメラマンが撮影し，動画編集もしてくれます。活字には活字の良さがあるように動画には動画の良さがあります。

　動画によるメッセージは何と言っても映像と肉声ですからインパクトがあります。いつか動画による遺言も法的に有効になる時代が来るかもしれません。

　数年前にお亡くなりになったＤさんのお話です。公証役場で遺言作成を終えたＤさんは，公証役場から自宅までの帰りの車中で娘さん２人へのあふれる想いを，笑いあり涙ありで私にたくさん話してくれました。そして，ご自宅に到着後のことです。

私　　「今聴かせて頂いたお話を娘さんたちへのラストメッセージとして動画
　　　　に遺すのはいかがでしょうか？」
Ｄさん「それはいいわね！」

とＤさんは二つ返事でＯＫしてくれました。
　「では早速今から私のスマホで撮りますね」と私がいざ動画を撮ろうと

すると照れまくってなかなかメッセージが言えないDさん。結局，撮れたのは「本当にありがとう。孫たちにもよろしくね」の二言のみでした。

　翌日その動画データを入れたＵＳＢメモリーをご自宅に届け，公正証書遺言の入っている封筒に同封しておくようにお伝えしました。

　その翌年，長女Ｅさんからのさんの訃報を聞き，お線香を上げにご自宅に伺った際，Ｅさんは私に「（涙声で）佐山さん，母の動画を遺してくれてありがとうございました。母の写真はたくさんあったんですが，意外に動画は撮ってなかったものですから」とおっしゃってくださいました。その横で二女Ｆさんも涙ぐみながら大きく頷いていました。

　遺言書の付言では伝えきれなかった想いがありましたら，短いメッセージでも構いません。ぜひ動画を通して伝えてみてはいかがでしょうか。遺言書できちんと家族を守り，動画でも想いを伝えられたら，間違いなく家族の心に響くでしょう。

9　遺言書の内容を家族に伝えるか どうかはケースバイケースで

　遺言書は書いたら家族に伝えなければいけないものと誤解している人が少なくありませんが決してそうではありません。特に遺言書の内容に不満を持つであろう人には伝えないほうが賢明です。

遺言者Gさん「息子に怒られたので撤回したいんですけど」
遺言者Hさん「娘に『お母さんが認知症になっても世話なんて一切しないから！』と言われました」

　いずれのケースも遺言書を見て自分の配分が少ないことを知ってしまった子どもの怒りを受けた遺言者さんのお言葉です。
　一方，遺言書の内容を伝えたほうがよいケースもあります。それは相続する人のモチベーションアップにつながる場合です。
　ある会社の社長さん（Ｉさん）が遺言作成の相談に見えました。

Ｉさん「ウチの長男（Ｊさん）は会社を継いでくれたのはいいけどいつも一番遅く来て一番早く帰るんです。やる気が全然伝わってこなくて。これなら二男に継がせたほうが良かったぐらいです」
私　「お任せください。とっておきの作戦があります」

　私は早速，翌日にその作戦を実行しました。Ｊさんが必ず電話に出ると

いう夕方に，私は会社に電話をしました。

私　　「もしもし行政書士の佐山です。昨日遺言書作成のご相談にみえた社長
　　　　のIさんはいらっしゃいますでしょうか？」

作戦といってもたったこれだけです。その翌朝にI社長から電話があり
ました。

Iさん「（弾むような声で）佐山さん！　電話でJに何を言ったんですか？」
私　　「どうかされたんですか？」
Iさん「Jが今日，朝礼に出てきたんです！　数か月ぶりです！」

　私はJさんに遺言書の内容を伝えたわけではありません。Iさんが遺言
作成の相談にみえたことを伝えただけです。親が遺言書を書くと知って，
何も思わない子どもはおそらくいないでしょう。ちょっとドキッとするは
ずです。
　皆さんもモチベーションを上げてほしい家族がいたら遺言書の存在を意
識させてみてはいかがでしょうか。「どうせ相続できるさ」とタカをくく
らせないようにです。翌月，Iさんは遺言書（Jさんにとっては悪くない
内容でした）を無事に作成しました。

Iさん「早速Jに見せてやります」
私　　「その際，『遺言書は書き直すこともできる』ということもさりげなく伝
　　　　えておいてくださいね」

　Jさんの気がゆるまないように油断しないようにです。

10　遺言書と矛盾する行動言動は慎む

　残念ながら，遺言書をきちんと書いてあったのにモメてしまうことはあ
ります。

　Kさんには再婚相手の妻（Lさん）と前妻との間にできた娘さん（Mさ
ん）がいました。Kさんが，成人を迎えたMさんと数年ぶりに会い，2人
で食事に行ったときのことです。その席でKさんは「もし俺が亡くなった
らMには甲市のマンションと乙市の土地を遺すつもりだからね」と伝えて
いました。

　Kさんが亡くなったのはその5年後です。遺言執行者からMさん宛てに
Kさんの遺言書（コピー）が送られてきました。いざ遺言書を見てみると
「すべての財産を妻に相続させる」という内容でした。

　「えっ？　生前に父から聞いていた話とは全然違う！　あの食事の席で
聞いたことは何だったの？　ウソつきじゃん！」とMさんは怒り心頭です。
その後，遺留分侵害をめぐって調停から裁判になってしまいました。

　財産を遺す気もないのに期待させてはいけません。いや，当時のKさん
は本当にMさんに財産を遺す気があったのかもしれません。その後5年の
間に何らかの事情で心境が変わったのでしょう。

　でもそれなら，変わったときに，もう一度Mさんに連絡を取って「以前，
お前に遺すと言ったマンションと土地は，かくかくしかじかの事情で妻

（Lさん）に遺すことにしたんだ。ごめんな」と少なくとも一言伝えるべきでした。もちろん代わりの財産を用意してあげるとなおよかったでしょう。

　皆さんも書いた遺言書の内容と矛盾する行動や言動が過去になかったかどうかを振り返ってみてください。
　あまり財産を遺さない家族に期待させるような態度をとったことはありませんか？　心当たりのある方は今のうち「当時とは心境が変わった」ということをその理由とともにぜひ伝えてください。

　なお，付言を書く際も注意が必要です。たとえば「おまえ（長女）の顔を見るのが楽しみだった」という付言に対し，「ウソばかり。まったくそんな感じはしないけどね。実家に顔出してもいつも知らんぷりだし，孫だって抱いてくれた記憶がないよ」と思われてしまってはせっかくの付言が逆効果です。
　遺言書はただ書けばいいというものではありません。書いた遺言書が，より説得力を持つような行動言動を心掛けてください。何ごとも言行一致が大事です。

11　必要に応じてメンテナンスをする

　遺言書は一度書けばずっと効果は続きます。ただ，遺言書を書いた後に次の①〜③の変化があったときはメンテナンス（書き直す）のタイミングかもしれません。

　①**身辺の変化**……結婚，離婚，子や孫の誕生，リストラ，病気など
　②**所有財産の変化**……不動産や株式の売買，不動産価値の上下動，親兄弟や配偶者からの相続
　③**他の変化**………法改正，家族仲

　なお，遺言書は一部だけを変更することもできます。しかも変える箇所は遺言書の本文だけに限りません。

　遺言者のNさんは公正証書遺言を作った5年後に「最近息子の酒の量が増えたから」と付言に「アルコールは飲まないこと！」の一文だけを公証役場にて付け加えました。
　贈与と違って何回もやり直せるのが遺言書の特徴です。遺言書を書いたきり，その後何年も遺言書を見ないのはお勧めしません。久しぶりに遺言書を見てみたら書いた当時と今の心境や所有財産との違いにハッとすることがあるかもしれません。
　少なくとも年に1回は遺言書を「点検する」習慣をつけましょう。

> エピローグ
>
> # こんなときはどうする！？
> # まだある，遺言書が
> # 書けない事態

⑴　迷って書けない

　「この財産を誰に遺すかがどうしても決まらない」と悩んでいるうちに突然天国からお迎えが来てしまい，結局遺言書を書かずに終わってしまうのは残念すぎます。

　このような事態を避けるために，もし遺す先が決まっている財産があれば，まずはその財産だけでも記載した遺言書を書くことを私はお勧めします。

　Ａさんが遺言作成の相談（２度目）に見えました。１度目の相談が終わった際，Ａさんは「預貯金をどう分けるかを迷っていますので，少し時間がかかるかもしれませんが，預貯金の配分が決まり次第またご連絡します」と言ってお帰りになりました。

　それから半年後，Ａさんは今回の２度目の相談に来たのです。

私　　　「預貯金の配分は決まりましたか？」

Ａさん「すみません。実はまだ迷っています。それと，長女に遺そうと決めて
　　　　いた株式についても迷い始めてしまい，なかなか決められないんです」

　半年経ってもＡさんの迷う気持ちは変わりませんでした。私の経験上，
このままでは，結局Ａさんは遺言書を書かずに終わるでしょう。

私　　　「では預貯金や株式以外で既に気持ちが決まっている財産はないです
　　　　か？」

Ａさん「あります！　自宅は妻，賃貸アパートは管理を引き継ぐ長男に遺すこ
　　　　とに決めています」

　Ａさんは即答されました。

私　　　「では先に自宅と賃貸アパートのみ記載の遺言書を書いておき，その後，
　　　　預貯金や株式の分け方が決まったときに，それを加えた内容で遺言書
　　　　を書き直すのはいかがでしょうか？」

Ａさん「なるほど！」

私　　　「あるいは書き直すのではなくて，自宅と賃貸アパートのみ記載の遺言
　　　　書はそのまま１通目として生かし，２通目として預貯金や株式を含む
　　　　残りの財産記載の遺言書を書くことも可能ですよ」

Ａさん「２通書く方法もあるんですね」

私　　　「はい。それぞれの遺言書の内容に矛盾がなければ２通とも有効です」

　人生いつお迎えが来るかわかりません。全部の財産の分け方を決めきれ
ないときは財産に優先順位をつけ，腹が決まっている大事な財産のみを記
載した遺言書をまずは作っておくことをお勧めします。

(2) 預金がどれだけ残るかわからないから書けない

「老後資金のために定期預金や投資信託を解約して使うかもしれないし，どれだけ預金が残るかわからない」という不安から遺言書を書けずにいる人は少なくありません。

では預金がどれだけ残るかは，いつはっきりするのでしょうか？　はっきりするのを待っているうちに天国からお迎えが来て，結局遺言書を書けなかったら残念すぎます。そうならないためにお勧めの方法が2つあります。

① 予備的条項を書く

第○条　私は長女に○○銀行○○支店の定期預金を相続させる。
　　2　もし私が亡くなった時点で同定期預金がなかった場合は●●信用金庫●●支店の預金の2分の1を前記長女に相続させる。
第○条　私は●●信用金庫●●支店の預金のすべてを長男に相続させる。
　　　ただし，前条2項の事情が生じた場合は同預金の2分の1を同人に相続させる。

預金がなくなった場合に備える書き方です。ちなみに亡くなった際は，○○銀行○○支店の定期預金の有無について残高証明書（死亡日現在）を取って確認する必要があります。

② 付言で予防線を張っておく

> いつあの世からお迎えが来てもいいように準備はしていますが，こればかりはわかりません。この先，老後資金が少なくなってきたと思ったら，株や投資信託を売却するかもしれません。もし残っていなかったらごめんなさい。

　もし，①のような代わりに相続させる財産がない場合は，付言を使って先に謝っておきましょう。相続するほうも「ないこともあるんだね」と心の準備ができます。

(3)　遺留分が気になって書けない

　お勧めの遺留分対策は4つあります。たとえば遺言者Bさん（配偶者なし，子は長男Cと二男D）が「長男Cに全財産を相続させる」という遺言書を書く場合でご説明いたします。

遺留分対策その1　養子縁組

　嫁（Cの妻）を養子にすれば相続人が1人増える（2人→3人）ため，それに伴い，Dの遺留分が減ります（$\frac{1}{4}$→$\frac{1}{6}$）。さらに孫（Cの子）を養子にすれば相続人がまた1人増える（3人→4人）ため，Dの遺留分がさらに減ります（$\frac{1}{6}$→$\frac{1}{8}$）。

　相続税の基礎控除を増やすための養子と違い，養子の数に制限はありません。ただ，あまり養子を増やしすぎるとその縁組が無効になるリスクがあるため，ほどほどにしたほうが無難です。

遺留分対策その2 生命保険

　たとえばBさんの相続財産が4,000万円の場合，Dから遺留分侵害額請求（1,000万円）を受けたときに備えて生命保険（死亡保険金1,000万円。Cが受取人）を掛けておきます。そうすればその死亡保険金1,000万円を遺留分の支払原資にできます。

　ただし，受取人に注意です。もし受取人をDにしてしまうと死亡保険金は原則，受取人の固有の財産にあたるため，Dは死亡保険金を受け取れる上に遺留分まで請求できてしまいます。これでは遺留分対策で生命保険を掛けた意味がありません。

　ここは間違えないように，保険金の受取人は多く相続させる方にしてください。遺言書と生命保険は相続対策における車の両輪です。特に遺留分を侵害する遺言書を書く場合は，生命保険が力強い味方になります。

遺留分対策その3 遺留分放棄

　これが一番強力な方法ではありますが，放棄する側（このケースではD）の協力（家裁への申立て）が必要なため，実際はハードルが高いです。BさんとDとの関係が良好で放棄する代償になるお金が用意できればトライする価値はあるでしょう（第9章7参照）。

遺留分対策その4 付言でハートを込める

　どんな遺留分対策をしようが絶対外せない遺留分対策の王道が「付言でハートを込める」です。遺留分侵害額は侵害された側（D）が請求しなければもらえません。つまりなるべく請求する気が起きないようにすることが大事です。

　人間は感情の生き物です。Bさんのハートがこもった温かい付言がある遺言書の本文（財産を分ける部分）を見るのと，ハート無しの本文だけの冷たい遺言書を見るのとでは，どちらが遺留分を請求したくなるでしょう

か？　私の経験上，後者で間違いありません。

　上記その１～その３の対策は，いずれも付言でハートを込める対策その４が大前提です。遺留分を心配するなら付言にハートを込めてからにしてください。

(4)　手が震えて書けないから遺言書を代筆してほしい

　「手が震えて字を書けないので，他の人に手を軽く添えてもらってもいいでしょうか？」という質問を何度か頂いたことがあります。気持ちはわかりますが，手が震えて書けないからといって添え手をしてもらって遺言書を書くことを私はお勧めできません。判例上，添え手で書いた遺言書は原則無効だからです（最高裁昭和62年10月8日）。

　けれども，全文を自筆で書くのは難しいが，自分の署名押印だけなら自力でできるという場合は，代筆可能な「秘密証書遺言」という方法があります。この方法は遺言書に本人の署名押印さえあれば，代筆やパソコンでの作成もOKです。代筆は誰に書いてもらっても構いません。パソコンを使った遺言書作成でも同様です。

　秘密証書遺言の主な注意点には次の５つがあります。
　①　公証役場にて手続きをする必要があります。
　②　封印された遺言書を提出するため公証人は内容をチェックできません。
　③　立会証人が２人以上必要です。
　④　遺言書は公証役場にも法務局にも保管できないため，自分で保管する必要があります。
　⑤　家裁の検認が必要です。

　秘密証書遺言はあまり利用されていない方法です。しかし，署名押印は自分だけでできるものの全文を自筆で書くのが面倒な人あるいは病気等で手が震えて書けない人でかつ，公正証書遺言ほど費用をかけたくない人にはお勧めな方法です。なお，遺言書自体に日付はなくても構いません。

　ちなみに，秘密証書遺言の公証人手数料は11,000円です。

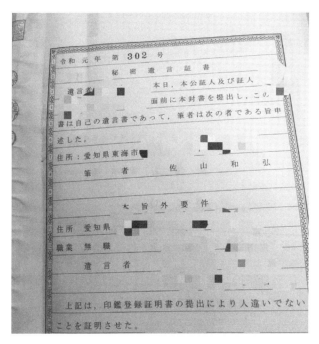

（写真）　秘密証書遺言の文例

⑸　病気療養中だけど公正証書遺言を作りたい

　病気療養中の人は公正証書遺言をお勧めします。たとえ公証役場に行けなくても公証人が病床（自宅，病院，老人ホーム等）まで出張して遺言書を作ることができます。

　コロナウイルスの勢いが収まりつつあったときのお話です。時期的に病院側からなかなか院内に入る許可が出ず，苦慮しましたが，担当医師や看護師長と折衝を重ね，なんとか条件付き（本人以外の入室4人，滞在時間30分）で遺言作成当日の許可を頂きつつ，私は事前にEさん（末期がん，寝たきり）にお会いして遺言書の起案作成を済ませていました。

　その後，私と公証人の間では次のようなやりとりがありました。

私（電話で）「2週間後に遺言作成予定のEさんですが，娘さん（Fさん）曰く医師から『病状がさらに悪化しており，来週までもつか予断を許さない状態です』と言われたそうです。少し遺言作成日を早めたほうがよいと思いまして」

公証人「判断能力（意思能力）は大丈夫ですか？」

私　　「今のところ大丈夫です。先ほど遺言内容を確認したところ『自宅は妻，預金は息子と娘に半分ずつ遺します』とおっしゃっていました。ただ，先週お会いしたときよりも声がとても小さく，咳き込むことが多くなってきています」

公証人「では，明日はどうですか？　通常業務が17時に終わるため18時には病院に着きます」

私　　「ありがとうございます。ご無理をお掛け致します。実は病院から入室を当初の4人ではなく3人にすることと滞在時間も当初の30分から15分にすることを言われました」

公証人 「15分ですか！　やるしかないでしょう。同行する職員は廊下で待たせ
　　　　ます。そうすれば私と立会証人2人で計3人です」

私　　　「遺言内容ですが，付言は長いのでカットして別紙にするのはいかがで
　　　　しょうか？」

公証人 「そうしましょう」

　付言をカットしたのは公証人は遺言書の一言一句を読み上げる必要があ
りますので文章を短くし，少しでも時間を短縮するためです。

　いろいろありましたが，翌日，無事に遺言作成が完了しました。Eさん
がお亡くなりになったのはその3日後でした。そしてその2か月後，遺言
執行者のFさんから「無事執行も終わりました」とお電話を頂きました。

　たとえ死期が迫っている人でも判断能力（意思能力）があれば遺言書を
作ることは可能です。

⑹　書いてほしい人への勧め方がわからない

　「親や夫に遺言書を勧めるときのコツを教えてください」とよく言われ
ます。そのコツを2つご紹介しましょう。

遺言書の作成を勧めるコツその1　身内から直接勧めない

　身内から直接勧めた場合，「財産を狙っているのか」「殺す気か」「縁起
でもないことを言うな」とどうしても誤解されやすいです。遺言書の作成
は第三者に勧めてもらったほうがよいでしょう。たとえば，

- 専門家（弁護士，行政書士，司法書士等）：身内とは説得力が違いま
  す。
- 生保営業マン：「死亡保険金」を扱う職業柄，「遺言書」を勧めても違

和感を感じさせません。懇意にしている生保営業マンがいればお勧めです。

- JA の職員さん（生活指導員，営農指導員，共済担当等）：農家の後継ぎが親に書いてほしい場合にお勧めです。

遺言書の作成を勧めるコツその2　キラーワードで勧める

キラーワードとは，ズバリ「公正証書を作ってね」です。私は日ごろから講演で「遺言書はめでたいんです！　遺書とは別物です！」と声を大にして伝えていますが，世間的にはまだまだ遺言書のイメージをネガティブにとらえる人が少なくありません。

したがって「遺言書を書いてね」よりも「公正証書を作ってね」と伝えることをお勧めしています。「公正証書遺言」まで言わずに「公正証書」だけにしてください。「遺言」という言葉をあえて避けます。

何も最初からわざわざ相手に誤解されやすい言葉を使う必要はありません。「公正証書」という代わりの言葉があるんですから。

上記のコツは実証済みですので試してみてはいかがでしょうか？

(7)　遺言書作成を専門家にサポートしてほしい

多くの専門家が，遺言書作成の初回無料相談（予約制。時間制限あり）を行っています。まずはそれを活用してみてはいかがでしょうか。

相談先は自分の事情に合わせて決めるとよいでしょう。

- **弁護士**：相続人になる人同士の仲が悪い，遺留分侵害額請求が予想される。
- **司法書士**：不動産が多い。
- **行政書士**：費用をなるべく押さえたい。

- **税理士**：相続税がかかる。遺言書作成に対応していない税理士さんもいますが，他の専門家を紹介してくれます。
- **信託銀行**：株式等の金融資産を多く持っている。提携している士業を紹介される場合もあります。
- **公証人**：公正証書遺言を作る場合のみ相談にのってくれます。

なお，無料相談には次のものを持っていくとよいでしょう。

所有財産がわかるもの	固定資産税納税通知書（課税明細書），株等の取引残高報告書，預貯金額を書いたメモ
親族関係がわかるもの	親族関係を書いたメモや図（手書きOK）

そして無料相談に臨む際の大事なポイントは次の2つです。

無料相談に臨む際のポイント1　正式にサポートを依頼した場合の概算費用を聞く

　上記持ち物を提出したうえで，財産の分け方の希望を伝えれば概算費用を教えてくれます。電話でいきなり費用だけを聞くことは避けたほうがよいでしょう。電話だけでは費用を出すための情報が十分に得られないため概算費用とはいえ，確度の低い金額にならざるをえません。

　概算費用を訊く場合は無料相談の席で必要な情報（所有財産や親族関係がわかるもの等）をきちんと伝えたうえで聞いたほうが賢明です。

無料相談に臨む際のポイント2　相性をはかる

　概算費用を聞くこともももちろん大事ですが，無料相談に臨む一番の目的は「相性」をはかることです。遺言書を作るには財産額や親族関係等のプライバシーを明かさざるをえません。

また，作成が終わるまでの期間は書類のやりとりだけではありません。数回にわたって顔を合わせるわけですから相性は大事です。でもそれは電話ではわかりません。

　いまや多くの専門家がホームページ等ＳＮＳで発信していますが，あてにしすぎず，あくまで参考程度に留めたほうが無難です。まずは無料相談で直接会って「この人なら任せて大丈夫なのか」「親身になってくれる人なのか」「経験は豊富なのか」等を含めて相性をはかったうえで，正式にサポートを依頼するかどうかは決めることをお勧めします。

　なお，一般的には下記のサポートをしてくれます。

・遺言書の起案作成
・必要書類の取得（戸籍謄本類，不動産登記事項証明書等）
・公証人との打ち合わせ（公正証書遺言のみ）
・立会証人２名の手配（公正証書遺言のみ）

　いかがでしたでしょうか。この本を存分に活用して，ぜひ財産を遺すほうも，相続するほうも双方が納得する「本当に使える遺言書」の作成を実現しましょう！

おわりに

　最後に，ある大事な事例をお話しいたします。

　遺言書を書かない人の残念すぎる言い訳の1つに「まだ元気だから」があります。

　残念すぎる理由は，遺言書を書かないでいるうちに突然本人に天国からお迎えが来たり，知らぬ間に認知症になってしまっていたりするリスクがあるからです。突然脳卒中に罹ることだって考えられます。

　翌週に公証役場で遺言書の作成を予定しているAさんの奥さん（Bさん）から電話がありました。

Bさん「今朝，主人が脳卒中で倒れてしばらく入院することになりました」
私　　「承知しました。**遺言書の作成はいったん延期しますね。どうかお大事になさってください**」

　約2か月後，Aさんが退院したと聞き，遺言書の内容確認のためご自宅に伺いました。

私　　「**Aさん，ごぶさたしてます。行政書士の佐山です**」

　車椅子に乗っているAさんは私をじっと見たまままったく無反応でした。あらためて遺言書の内容を読みながら確認しましたが，これもまったく無反応でした。前回までの明るくて饒舌なAさんとはまるで別人でした。

しかし，付言に差し掛かって子どもたちの箇所になると，一筋の涙がA さんの頬を伝い落ちました。残念ながら，もうこの状態では遺言書を作ることができません。

私　　　「大変恐れ入りますが，このたびの遺言作成はキャンセルとさせて頂きます」

Bさん「えっ？　どうして？　困ります！」

私　　　「今の状態では意思の疎通がとれませんし，遺言作成に必要な判断能力（意思能力）も認められません。公証人も私と同じことを言うと思います」

Bさん「（涙目で）でも，さっき佐山さんが遺言書を読んでいるのを聞きながら主人は泣いていたでしょう！　主人は遺言書の内容をわかっていますよ！」

　Bさんが粘る理由はBさんと子ども2人との仲が非常に悪かったことにあります。遺言書を作らないとモメることが必至なケースでした。しかし，結局遺言作成は取りやめとなりました。もちろん脳卒中で倒れる前でしたら文句なしに遺言書を作成できただけに，かえすがえすも残念です。

　本書を最後までお読み頂きましてありがとうございました。ノーモアA さんです。元気なうちだからこそ，遺言書を作るチャンスです。

　遺言書はけっして難しいものではありません。遺す相手や財産を特定できるなら必要以上に細かく書かなくても大丈夫です。

　ぜひこの本を活用してください。また「遺言書を書いてほしい」人がまわりにいるのに勧めづらい場合は，無理に直接勧めるよりも，この本を渡して頂ければきっとお役に立てるでしょう。

【著者紹介】

佐山　和弘 (さやま　かずひろ)

相続遺言専門行政書士。行政書士さやま法務コンサルティング代表。元寿司職人。1級グリーフ（死別悲嘆）ケア・アドバイザー。日本相続学会会員。事業承継士。家族信託専門士。昭和41年生，愛知県東海市出身。

東京での板前修業を経て，平成8年に実家の寿司店の二代目を継ぐ。父親急死の際の相続騒動から遺言書の大切さを痛感し，相続遺言専門行政書士への転身を決意。平成20年に寿司屋を畳み，相続遺言専門行政書士事務所を開業。現在は2,000件を超える相続遺言実務の経験を踏まえ，実務の傍ら，相続遺言セミナーの常識を覆した「日本一楽しい！　終活教室」を全国各地で展開。　　　　　　　　　　　　　　（事務所サイトQRコード）

出版企画　インプルーブ

「本当に」使える

遺言書の取扱説明書

2024年7月5日　　第1版第1刷発行
2024年11月10日　　第1版第3刷発行

©2024
Printed in Japan

著　者　佐　　山　　和　　弘
発行者　山　　本　　　　　継
発行所　㈱中央経済社
発売元　㈱中央経済グループ
　　　　パブリッシング

〒101-0051　東京都千代田区神田神保町1-35
電話　03 (3293) 3371 (編集代表)
　　　03 (3293) 3381 (営業代表)
https://www.chuokeizai.co.jp
印刷・製本／文唱堂印刷㈱

図解・表解

相続税申告書の記載チェックポイント

（第4版）

渡邉 定義 ［監修］
天池 健治・衞藤 正道・中山 眞美・
藤井 孝昌・村上 晴彦 ［著］ 　定価3,520円（税込）・B5判・364頁

相続税申告実務の手引きの定番書！

相続手続に関係する税務申告を書式の記載例とともに詳しく解説する相続税務の手引書の最新版。5年ぶりの改訂で，2019年以降の相続手続に関係する制度改正をフォロー。

【本書の特徴】

◎誤りやすい事項を，**チェックポイント**で解説！

◎相続にともなう**遺産分割協議書**や**遺言書**についても解説！

◎所得税や消費税の**準確定申告**，相続税の**修正申告・更正**の記載方法も網羅！

■本書の内容

中央経済社